Das Gesetz

über die

Enteignung von Grundeigenthum

vom 11. Juni 1874.

Aus den Materialien und der Rechtslehre

erläutert

von

A. Dalcke,
Ober-Staatsanwalt.

Berlin, 1874.
Verlag von J. Guttentag.
(D. Collin).

Inhalts-Verzeichniß.

Erklärung der Abkürzungen.

A. H.	bezeichnet	Abgeordnetenhaus.
H. H.	=	Herrenhaus.
Comm. Ber.	=	Commissions-Bericht.
Häberlin	=	die Abhandlung: Die Lehre von der Zwangsenteignung oder Expropriation, historisch-dogmatisch erörtert von Häberlin, im Archiv für die civilistische Praxis Bd. 39 S. 1 u. 147.
Treichler	=	die Abhandlung: Ueber zwangsweise Abtretung von Eigenthum und anderen Rechten von J. J. Treichler, in der Zeitschrift für deutsches Recht und deutsche Rechtswissenschaft S. 123.
Thiel	=	das Expropriationsrecht und das Expropriationsverfahren nach dem neuesten Standpunkte der Wissenschaft und der Praxis dargestellt von A. Thiel. Berlin 1866.
Meyer	=	das Recht der Expropriation von Dr. Georg Meyer. Leipzig 1868.
Grünhut	=	das Enteignungsrecht von Dr. C. S. Grünhut. Wien 1873.
Entschd.	=	die amtliche Ausgabe der Entscheidungen des Königl. Obertribunals.
Str. Arch.	=	das Archiv für Rechtsfälle, herausgegeben von Striethorst.
J. M. Bl.	=	Justiz-Ministerial-Blatt.
M. Bl. d. i. V.	=	Ministerialblatt der inneren Verwaltung.

Einleitung.

1.

Begriff und Wesen der Expropriation.

Die Nothwendigkeit des Zusammenlebens der Menschen in einem staatlichen Gemeinwesen bildet den Rechtsgrund der Expropriation. Außerhalb eines Staates kann der Mensch seine Kräfte und Anlagen nicht entwickeln, seine materiellen und geistigen Bedürfnisse nicht befriedigen und überhaupt seine höchsten Zwecke nicht erfüllen. Der Staat ist deshalb nicht eine blos zufällige, sondern eine sittlich nothwendige Institution, deren Erhaltung und Förderung sich als ein absolutes Gebot darstellt.

Hieraus aber ergiebt sich für den einzelnen Menschen ganz von selbst die Pflicht, nach seinen Kräften die Zwecke des Staates zu fördern, sei es auch daß er, um dieser Pflicht zu genügen, seine individuellen Rechte zum Opfer bringen müßte. Denn der Staat dient in erster Reihe den Interessen der Gesammtheit und wie sehr es auch immer seine Aufgabe ist, dem Individuum Raum und Schutz für die Entfaltung seiner geistigen Potenzen zu gewähren, so wiegen die Interessen des dauernden Gemeinwesens doch ungleich schwerer, als diejenigen des vergänglichen Individuums. Ohne die Anerkennung des Rechtsgrundsatzes, daß, wenn die Rechte der Gesammtheit mit denen des Einzelnen in Collision gerathen, die letzteren unter allen

Umständen weichen müssen, wäre die Existenz eines geordneten Staatswesens undenkbar und damit zugleich die Erfüllung der höchsten Aufgaben der Menschheit eine absolut unmögliche.

Aber aus der doppelten Aufgabe des Staates, einerseits den Interessen der Gesammtheit zu dienen und andererseits den Einzelnen in seiner Rechtssphäre zu schützen, folgt weiter mit Nothwendigkeit, daß der Staat in die letztere nur soweit eingreifen und eine Aufgabe von Individualrechten nur soweit fordern darf, als dies zur Erfüllung seiner Aufgaben den Interessen der Gesammtheit gegenüber unumgänglich nothwendig ist; denn anderenfalls wäre die Rechtssicherheit nur ein leerer Begriff und das Individuum der Ausbeutung durch die Gesammtheit schutzlos preisgegeben. In dieser Beschränkung auf das unabweisliche Bedürfniß findet das Recht der Staatsgewalt, von dem Einzelnen eine Aufopferung von Rechten zu fordern, deshalb sein nothwendiges Correctiv.

Aber dieses Recht bedarf auch noch nach einer anderen Seite hin einer näheren Bestimmung. Die Rechte, deren Aufgabe der Staat verlangt, haben nämlich für das Individuum nicht blos einen idealen Werth, sondern repräsentiren regelmäßig zugleich auch Vermögenswerthe, welche das Individuum zur Befriedigung seiner Bedürfnisse und resp. zur Erfüllung seiner individuellen Aufgaben verwendet.

Muß nun auch der Staat für berechtigt erachtet werden, dem Individuum ein bestimmtes Recht, oder wie es der Regel nach der Fall ist, eine bestimmte Sache zu entziehen, weil dieses Recht der Erfüllung seinen Aufgaben entgegensteht, oder weil er dieser Sache zur Erreichung seiner Zwecke unumgänglich bedarf, so folgt hieraus doch noch keineswegs, daß der Staat nun auch berechtigt wäre, dem Individuum mit der Sache und resp. dem Rechte zugleich auch den durch die letzteren repräsentirten Vermögenswerth zu entziehen. Denn nicht auf die Werthe, sondern nur auf die individuellen Rechte und Sachen selbst erstreckt sich das Bedürfniß des Staates [1]). Nun läßt sich zwar der Werth einer Sache von der letzteren selbst nicht trennen, mit Hülfe des allgemeinen Werthmessers, des Geldes, ist es aber sehr leicht ausführbar, dem Einzelnen eine Sache oder ein Recht zu entziehen und ihm doch den Werth derselben dadurch zu belassen, daß ihm eine den letzteren darstellende Summe Geldes gezahlt wird. — Es läßt sich hiernach das Princip der Expropriation dahin auffassen, daß dasselbe ein Recht der Staatsgewalt ist, in denjenigen Fällen, in denen die Interessen des Staates mit denen des Einzelnen in eine solche Collision gerathen, daß ohne einen Verzicht des letzteren auf seine Rechte die Erhaltung des Staates oder die Erfüllung seiner Aufgaben nicht möglich ist, von dem Einzelnen eine Aufopferung seiner Rechte gegen Erstattung des Werthes derselben fordern zu dürfen. Aus dieser Auffassung des Expropriationsrechtes ergiebt sich gleichzeitig auch eine Abgrenzung dieser Rechtsinstitution verwandten Rechtsgebieten gegenüber.

Da nämlich die Expropriation nur solche Entziehungen von Rechten und Sachen betrifft, welche der Staat im öffentlichen Interesse fordert, so gehören nicht hierher: alle dem Privateigenthum aufgelegten gesetzlichen und polizeilichen Beschränkungen, wie z. B. Legalservituten und die Eigenthumseinschränkungen aus Tit. 8, Th. I. A. L. R.; ferner die Einschränkungen des Grundeigenthums im Interesse der Landescultur und des Bergbaues; ebensowenig die aus dem Reichs-Rayongesetze vom 21. December 1871 — R. G. Bl. S. 459 — fließenden Beschränkungen des Grundeigenthums u. a. m. Vergl. hierüber § 54 des Ges. Wenn hier auch die Einschränkungen im In-

[1]) Das Recht des Staates, von den Mitgliedern des Gemeinwesens bestimmte Geldwerthe zu seiner Erhaltung und Förderung Steuern rc.) zu fordern, liegt auf einem ganz anderen Gebiete und setzt einen Collisionsfall zwischen den Interessen der Gesammtheit und denen des Individuums gar nicht voraus.

teresse der Landestriangulation ausgeschlossen werden, so ist darin nur eine positive Satzung zu finden, denn begrifflich fallen diese Einschränkungen allerdings in das Gebiet eigentlicher Expropriationen. Vergl. Anm. 3 zu § 1 u. Grünhut a. a. O. S. 84 Anm. 1.

Wenn auch principiell nur der Staat berechtigt ist, im Interesse des öffentlichen Wohls und zur Erreichung seiner Zwecke das Expropriationsrecht auszuüben, so widerspricht es dem Begriffe und der rechtlichen Natur dieses Rechts doch nicht, daß dasselbe von dem Staate auf eine Privatperson übertragen wird. Voraussetzung der Uebertragung ist aber, daß auch diese Privatperson das Recht nur behufs Ausführung eines solchen Unternehmens ausübt, welches zur Erfüllung der Staatszwecke beiträgt.

2.

Geschichtliche Entwickelung des Expropriationsrechtes.

Das Expropriationsrecht verdankt seine Ausbildung hauptsächlich dem colossalen Aufschwunge, welchen das wirthschaftliche Leben namentlich in unserem gegenwärtigen Jahrhundert genommen hat. Daß im älteren deutschen Recht von den Anfängen eines Expropriationsrechtes keine Spur zu entdecken ist, darüber herrscht unter den Rechtslehrern völlige Uebereinstimmung [2]). Aber auch die Beispiele, welche von den letzteren herangezogen werden, um die Spuren eines solchen im Röm. Rechte nachzuweisen, beruhen wohl sämmtlich auf anderen Rechtsgründen, als das moderne Institut der Expropriation und haben mit dem letzteren eigentlich nichts gemein.

[2]) Häberlin a. a. O. S. 7, Meyer a. a. O. S. 70 und Grünhut a. a. O. S. 33.

Wenn z. B. Meyer[3]) in den agrarischen Kämpfen, in denen es sich um den Antheil der Plebejer am ager publicus handelte, die ersten Ansätze eines Expropriationsrechtes finden will, so liegt in jener socialen Gesetzgebung, welche den ager publicus in Privateigenthum verwandelte, ebensowenig die Ausübung eines Expropriationsrechts, als eine solche in der Preuß. Agrargesetzgebung vom Jahre 1811 gefunden werden kann[4]). Auch die Freilassung von Sclaven auf Anordnung der Staatsgewalt, die von Meyer als ein Enteignungsact herangezogen wird, hat jedenfalls eine ganz andere Rechtsbasis gehabt, als das heutige Expropriationsrecht[5]) und nicht minder werden die aus dem Pandectenrecht angeführten Fälle lex 12 pr. Dig. de relig. et sumpt. (XI, 7) und lex 14 § 1 Dig. quemadmodum servit. amitt. (VIII, 6) — als Anfänge eines Expropriationsrechtes in unserem Sinne nicht anzusehen sein[6]). Die ersten Spuren eines solchen treten vielmehr deutlich erkennbar erst in der Kaiserzeit hervor, indem in der lex 9 Cod. de oper. publ. (VIII, 12):

„Si quando concessa a nobis licentia fuerit exstruendi, id sublimis magnificentia tua sciat esse servandum, ut nulla domus inchoandae publicae fabricae gratia diruatur, nisi usque ad quinquaginta libras argenti pretii aestimatione taxabitur. De aedificiis vero majoris pretii ad nostram scientiam referatur, ut ubi amplior poscitur quantitas, imperialis exstet auctoritas“

in der That die Anerkennung eines wirklichen Expropriationsrechtes gefunden werden muß[7]).

---

[3]) a. a. O. S. 39. [4]) Vergl. Grünhut a. a. O. S. 28.

[5]) Meyer a. a. O. S. 39 u. Grünhut S. 23.

[6]) Häberlin führt diese Beispiele auf die Voraussetzung eines Nothfalles zurück a. a. O. S. 5. Vergl. dazu Meyer a. a. O. S. 64 u. ff.

[7]) Häberlin a. a. O. S. 5, Grünhut a. a. O. S. 31, Meyer a. a. O. S. 66.

Aber weiter als bis zur Anerkennung der rechtsgrundsätzlichen Zulässigkeit der Zwangsenteignung in einzelnen Fällen gelangte man auch in der Kaiserzeit noch nicht und namentlich ist von einer weiteren wissenschaftlichen Ausbildung und rechtlichen Begründung dieses Institutes überall nicht die Rede.

Selbst unter den Glossatoren, welche in dem Rechtssatze, daß alles Eigenthum ein Eigenthum des Kaisers sei, die rechtliche Basis des Expropriationsrechtes finden zu müssen glaubten[8]), (quum omnia principis esse intelligantur) war der Rechtsgrundsatz, daß dem Enteigneten eine Entschädigung gewährt werden müsse, noch keineswegs zur Anerkennung gelangt; dies geschah vielmehr erst mit dem Anfange des 16. Jahrhunderts[9]).

Den ersten Versuch, der Lehre von der Expropriation eine selbstständige rechtsphilosophische Grundlage zu geben, unternahm Hugo Grotius[10]), indem er dieselbe auf ein dominium eminens der Gesammtheit (des Staates) zurückführte und von ihm ab beginnt nun erst eine wirkliche rechtswissenschaftliche Behandlung und weitere Ausbildung dieser Rechtsmaterie[11]). Zwar ist auch die Theorie von dem dominium eminens als einem Obereigenthum des Staates, längst verlassen, immer aber bleibt es das Verdienst des Grotius, daß er die ganze Lehre von den Fesseln des positiven Rechts befreit, und daß er zuerst aus dem Wesen und dem Begriffe der Staatsgewalt selbst heraus den Grundsatz hergeleitet und begründet hat, daß der Staat berechtigt sei, im öffentlichen Interesse von dem Einzelnen die Aufgabe seines Privateigenthums zu verlangen.

Denn dieser Satz gilt heute, wie zu Hugo Grotius Zeit und nur die philosophische Begründung desselben hat im Laufe der Zeiten gewechselt.

---

8) Meyer a. a. O. S. 85 u. ff. 9) Meyer a. a. O. S. 116.

10) Geb. den 10. April 1583, gest. den 28. August 1645.

11) Vergl. über die weitere rechtsgeschichtliche Entwicklung insbesondere Meyer a. a. O. S. 125 u. ff.

3.

Geschichtliche Uebersicht über die Gesetzgebung auf dem Gebiete des Expropriationsrechts in Preußen.

Mit der Ausbildung des Expropriationsrechtes in der Doctrin hielt die Gesetzgebung aber durchaus nicht gleichen Schritt, man begnügte sich vielmehr damit, den einmal anerkannten Rechtsgrundsatz durch Specialverordnungen nur da, wo gerade ein besonderes Bedürfniß dazu vorlag, zur Anwendung zu bringen[12]).

Für Preußen findet sich die erste gesetzliche Anerkennung des Expropriationsrechtes in einem Privilegio der Stadt Wiesenstadt vom Montage nach Oculi 1476, welches die Zulässigkeit der Zwangsenteignung für Bergwerkszwecke ausspricht[13]) und überhaupt ist es namentlich das Gebiet des Bergrechts, auf welchem die Expropriationsgesetzgebung zunächst eine weitere Entwicklung und Ausbildung erfährt[14]). Eine Ausdehnung dieser Gesetzgebung auf andere Gebiete wurde erst durch das wachsende Bedürfniß nach öffentlichen Straßen herbeigeführt und ist in dieser Beziehung als das erste umfassende Gesetz das Edict über die Verbindlichkeit der Unterthanen in der Kurmark in Ansehung des Chausseebaues vom 18. April 1792 zu nennen[15]), welches demnächst durch die Verordnung vom 15. Juni 1803[16]) auch auf die Neumark ausgedehnt wurde, und das zum Theil noch jetzt gültige Provinzialrecht enthält.

Auf diese Provinzialverordnungen folgte die Gesetzgebung des Allgem. Landrechts, welches nicht nur in den §§ 73—75 der Einl. das allgemeine Rechtsprincip der Expropriation ausdrücklich gesetzlich anerkannte, sondern auch abgesehen von der

---

12) Grünhut a. a. O. S. 36. 13) Häberlin a. a. O. S. 13.

14) Vergl. Häberlin S. 12 bis 28.

15) N. C. C. Tom. IX. S. 933 und Rabe Bd. 2, S. 299.

16) Ueber die Publication dieser V. O. vergl. Rönne, Ergänz. zu § 15 Tit. 15, Th. II. A. L. R.

Regelung specieller Rechtsmaterien — vergl. die §§ 18 u. ff. Tit. 15 und die §§ 109 u. ff. Tit. 16, Th. II. A. L. R. — in den §§ 4 u. ff. Tit. 11, Th. I. A. L. R. eine Reihe von Bestimmungen über die Handhabung des Expropriationsrechtes traf. Aber dem ungeheuren Aufschwung des Handels und der Industrie in unserer Zeit und namentlich dem dadurch gesteigerten Bedürfnisse nach guten Communicationsmitteln gegenüber waren auch diese gesetzlichen Vorschriften viel zu dürftig und mußten dieselben deshalb sehr bald durch eine Reihe von Specialverordnungen ergänzt werden [17]). Unter den letzteren nimmt die hervorragendste Stellung das Gesetz vom 3. November 1838 ein, welches das Expropriationsverfahren auf dem Gebiete des Eisenbahnwesens regelt.

Doch auch dies Gesetz zeigte sich sehr bald den Bedürfnissen des Verkehrs nicht mehr gewachsen und schon Art. 9 der Verfassungsurkunde, welcher das staatsrechtliche Princip der Expropriation von Neuem sanctionirte, stellte eine umfassende gesetzliche Regelung des Expropriationswesens in Aussicht. Diese letztere ist nun auch nach verschiedenen Anläufen, die man dazu genommen, durch das vorliegende Gesetz endlich zum Abschlusse gebracht worden. Nachdem nämlich zunächst bei Gelegenheit der Berathung des für den Bezirk des Appellationsgerichts zu Cöln erlassenen Gesetzes vom 25. Mai 1857 das A. H. beschlossen hatte, der Regierung in Erwägung zu geben, ob nicht auch für das Rechtsgebiet des Allgem. Landrechts und des Gem. Rechts ein das Expropriationsverfahren regelndes Gesetz zu erlassen sei, wurde im Jahre 1862 im A. H. ein weiterer Beschluß dahin gefaßt,

gegen die H. Staatsregierung die Erwartung auszusprechen, daß dieselbe einen Gesetzentwurf zur Ausführung des Art. 9 der Verf.-Urkunde vorlege.

---

[17]) Vergl. über dieselben den folg. Paragraph und unten die Anm. zu § 57, sowie Häberlin a. a. O. S. 43.

Dieser Aufforderung kam die Staatsregierung zwar dadurch nach, daß im Justiz-Ministerium der durch das Justiz-M.-Bl. pro 1864 — S. 337 u. ff. — veröffentlichte Entwurf eines Gesetzes über Entziehung und Beschränkung des unbeweglichen Eigenthums ausgearbeitet wurde [18]), unter der Ungunst der damaligen politischen Verhältnisse ist es aber zu einer Vorlegung desselben an den Landtag niemals gekommen und als demnächst durch die im Jahre 1866 erfolgte Gebietserweiterung des Preuß. Staates das Bedürfniß nach einem umfassenden Expropriationsgesetze noch weit fühlbarer und dringender geworden war, wurde ein neuer für den ganzen Umfang der Monarchie bestimmter Gesetzentwurf ausgearbeitet, der dann im Jahre 1868 dem Landtage zur Beschlußfassung vorgelegt wurde. Der letztere fand auch die Zustimmung des H. H., doch gelangte er im A. H. nicht mehr zur Berathung.

Nachdem derselbe Entwurf im Jahre 1869 wiederum zuerst im H. H. vorgelegt und angenommen und sodann auch im A. H. einer Commissionsberathung unterzogen worden war, erfolgte die Vorlegung desselben im Jahre 1871 zunächst im A. H., indeß auch dies Mal kam es dort nur zu einer Commissionsberathung, nicht aber zu einer Berathung im Plenum.

Dasselbe Schicksal hatte ein dem A. H. im Jahre 1872 vorgelegter denselben Gegenstand betreffender Gesetzentwurf, indem derselbe gleichfalls unerledigt blieb.

Erst im Jahre 1873 wurde der wiederum zuerst im A. H. vorgelegte Entwurf nunmehr nicht blos in einer Commission, sondern auch im Plenum berathen und fand derselbe mit einigen Abänderungen die Zustimmung des Hauses. Das H. H., an welches der Entwurf demnächst gelangte, trat im Wesentlichen den Beschlüssen des A. H. bei und ließ Aenderungen nur in

18) Vergl. über denselben Meischeider in der Pr. Anw. Zeit. Bd. 4 S. 136 u. ff. und Davidsohn in der Deutsch. Gew. Zeit. Jahrg. 1865 S. 175.

den Bestimmungen der §§ 23, 27, 31, 34, 50, 56 und 57 eintreten [19]). Nachdem sodann das A. H. in der Sitzung vom 20. Mai 1874 dem Gesetzentwurfe in der vom H. H. beschlossenen Fassung seine Zustimmung ertheilt hatte, hat derselbe unter dem 11. Juni 1874 auch die Königl. Sanction erhalten.

Einzelne Gebiete des Expropriationsrechts sind schon früher durch Specialgesetze geregelt worden. Hierher gehören:

1. Das Gesetz betreffend die Errichtung und Erhaltung von Marksteinen Behufs der zur Legung eines trigonometrischen Netzes über die sechs östlichen Provinzen der Monarchie zu bestimmenden trigonometrischen Punkte. Vom 7. October 1865 — G. S. S. 1033 und G. S. 1869 S. 729. Das Gesetz ist abgedruckt und mit Anm. versehen in Koch, Allg. Landrecht Zus. 11 zu § 31 Tit. 8, Th. I. Dazu vergl. das Gesetz vom 3. Juni 1874. G. S. S. 239 betreffend die Abschreibung der zur Errichtung trigonometrischer Marksteine vom Staate erworbenen Grundstücke.
2. Das Reichsgesetz, betreffend die Beschränkungen des Grundeigenthums in der Umgebung von Festungen, vom 21. December 1871. Reichs-G.-Bl. S. 459. Abgedruckt bei Koch, ebendas.

4.

Uebersicht über die Lage der Expropriations-Gesetzgebung in Preußen zur Zeit der Emanation des Ges. vom 11. Juni 1874.

Ueber die Lage der Expropriationsgesetzgebung in den verschiedenen Provinzen des Preuß. Staates vor dem Erlaß des

---

[19]) Von denselben wird bei den einzelnen Paragraphen weiter die Rede sein.

neuen Expropriationsgesetzes geben die Motive zu dem Entwurfe des letzteren eine Uebersicht, aus welcher, da dieselbe nicht blos ein rechtshistorisches, sondern auch ein nicht unerhebliches practisches Interesse hat, hier Folgendes Platz finden mag.

I. Im Bezirk des Appellationsgerichts zu Cöln enthielt das materielle Recht der Art. 545 des bürgerlichen Gesetzbuches:

„Nul ne peut être contraint de ceder sa propriété, si ce n'est pour cause d'utilité publique, et moyennant une juste et préalable indemnité"

Die Art und Weise, wie die Voraussetzung des Art. 545 festgestellt werden soll, ist durch das Gesetz vom 8. März 1810 über die Expropriation des öffentlichen Nutzens wegen vorgeschrieben.

Bulletin des lois. 4. Série. Stück 273. Nr. 5255.

Die fortdauernde Gültigkeit dieser für das linke Rheinufer gegebenen Gesetze hat durch den § 13 des Ressort-Regulativs vom 20. Juli 1818 ihre Bestätigung erhalten und ist durch dasselbe auf die rechtsrheinischen Bestandtheile des Jurisdictions-Bezirks des Appellationsgerichtshofes zu Cöln ausgedehnt.

Der Hauptgrundsatz des Gesetzes ist in Art. 1. dahin ausgedehnt:

daß die Expropriation auf gerichtlichem Wege erfolgt.

Die Concurrenz der Gerichte ist aber rücksichtlich der verschiedenen bei der Expropriation zur Sprache kommenden Verhältnisse von sehr verschiedener Art und danach scheiden sich auch die verschiedenen Stadien des Expropriations-Verfahrens.

Es kommt nämlich

1. auf die Vorfragen an:
   a) ob das gemeine Beste eine Entziehung des Eigenthums erfordere,
   b) welche Gegenstände der Zwangsveräußerung zu unterwerfen seien;
2. demnächst auf die Feststellung der Entschädigung an.

Die Entscheidung der Vorfragen sub 1 ist von der Cognition der Gerichte ausgeschlossen und in die Hand des Staats-Oberhauptes und der Administrativ-Behörden gelegt.

Erst nach Emanation der Verf.-Urkunde wurden diese Vorschriften als unzureichend bemängelt und erging in Folge dessen das Gesetz vom 25. Mai 1857, betreffend die Abänderung und resp. Ergänznng des Ges. vom 8. März 1810.

Diese Rhein. Gesetzgebung wurde durch die Verordn. vom 20. September 1867 auch in dem vormals Hessen-Homburgischen Oberamte Meisenheim eingeführt.

II. In den älteren Provinzen gelten hauptsächlich die Vorschriften des Allgem. Landrechts.

a) Das letztere betrachtet die Expropriation als einen Zwangsverkauf.

Das dem Expropriaten zu gewährende Aequivalent besteht der Regel nach in Geld; ausnahmsweise (bei Wegebauten und Anlegung von Canälen) ist aber auch eine Entschädigung in Grund und Boden zulässig.

§ 271 Tit. 9, Thl. I, §§ 21 u. 22 Tit. 15, Thl. II A. L. R. und Churmärk. Chausseebau-Edict vom 18. April 1792.

b) Dem Eigenthümer wird in der Regel nach § 8 Tit. 11 Thl. I der außerordentliche Werth der in Anspruch genommenen Sache vergütet. Ausnahmsweise ist aber bei Deichbauten sowohl für den dazu erforderlichen Grund und Boden, als für die dazu erforderlichen Materialien die Vergütung auf den gemeinen Werth beschränkt. — §§ 20 und 25 des Gesetzes vom 28. Januar 1848.

c) Die Feststellung der Nothwendigkeit des Verkaufs zum allgemeinen Besten ist ein Reservatrecht des Staatsoberhaupts. — § 10 Th. I, Tit. 11 A. L. R. — und durch keine neuere gesetzliche Vorschrift untergeordneten Staatsbehörden delegirt.

d) Nur bei der Feststellung der Entschädigung concurriren die Gerichte, wenn darüber keine gütige Einigung stattfindet. § 11 l. c.

Das Verfahren der letzteren richtete sich nach den processualischen Vorschriften der Allg. Gerichts-Ordnung und der späteren Proceßgesetze. Dagegen fehlte es an jeder weiteren allgemeinen Norm für das administrative Verfahren.

Durch Specialbestimmungen war diesem Mangel dann allerdings abzuhelfen gesucht und gehören hierher namentlich die Vorschriften über Chaussee- und Eisenbahnbauten.

A. Chausseebauten.

Ueber den Chausseebau gab es, abgesehen von den sehr allgemeinen Vorschriften, §§ 4 bis 6, 18 bis 22, Tit. 16, Th. II. des A. L. R., nur ein umfassendes provinzielles Gesetz, das Edict vom 18. April 1792 über die Verbindlichkeit der Unterthanen in der Churmark in Ansehung des Chausseebaues, wie sie deshalb zu entschädigen sind und was sonst dabei beobachtet werden soll.

Nov. Corp. Const. March. tom. IX. de 1792, S. 934.

Dasselbe weicht von dem Grundsatze des Allg. Landrechts §§ 18, 19, Tit. 15, Th. II insofern ab, als es dem Grundbesitzer die Abtretung von Kies, Sand und Steinen zum Theil ohne Entschädigung auferlegt, diese Pflicht also als gesetzliche Beschränkung auffaßt, und hierbei, so wie bei Anlegung der Wege zum Zweck des Chausseebaues auch der zeitweisen Entziehung des Eigenthums erwähnt.

Die betreffenden Bestimmungen lauten dahin:

1. Die Grundbesitzer sind verpflichtet, Kies, Sand und Steine zum Chausseebau herzugeben.

X werden zu diesem Zwecke

a) auf Privat-Grund und Boden Steinbrüche, Sand- und Kiesgruben angelegt, so soll der hierzu gebrauchte

Fleck dem Eigenthümer entweder in Natur oder in Geld vergütet werden; oder wenn es möglich ist denselben wieder zu planiren, so soll dies geschehen und der Eigenthümer alsdann nur Vergütung für den Ausfall an der Nutzung und den taxmäßigen Werth der Materialien erhalten.

b) Dagegen fällt die taxmäßige Vergütung bei gewöhnlichen Feldsteinen, Sand und Kies weg, es wäre denn, daß durch deren Wegschaffung der Grund und Boden verschlimmert worden oder dem Besitzer sonst ein wirklicher Schade oder gegründeter Verlust verursacht werde.

XIII Nr. 10.

Die Verpflichtung zur unentgeltlichen Abtretung von Sand, Kies und Feldsteinen beschränkt die Cabinets-Ordre vom 9. Februar 1828 nicht auf die Besitzer der unmittelbar an die Chausseen grenzenden Grundstücke — von Kamptz Annalen Bd. XII Heft 2 S. 546. —

c) Wenn es zum Transport der Materialien nothwendig ist, neue Wege über Privatgrundstücke zu machen, so sollen sich die Besitzer dies gegen Entschädigung gefallen lassen.

XVIII Nr. 11.

Sodann enthält das Edict über das Expropriations-Verfahren selbst nähere Vorschriften, nach welchen dasselbe in die Hand der Administrativ-Behörden gelegt und nur über die Höhe der Entschädigung der Rechtsweg gestattet ist.

Der König bestimmt nur im Allgemeinen, zwischen welchen Orten die Chaussee anzulegen ist und deren Breite — Einleitung § VIII — und ernennt zur weiteren Ausführung eine besondere, aus Landwirthen und Bauverständigen zusammengesetzte Commission — § VII —, welche

1. die Directionslinie der Chaussee,
2. die dazu erforderlichen Grundstücke und Arbeiten,

3. die Entschädigung

festzusetzen und zugleich die Vorfluth zu reguliren hat — §§ IV, VI, VII und IX.

Wenn die Directionslinie der neuen Chausse vom alten Wege abweicht, also eine Expropriation nothwendig ist, sollen die Commissarien

a) die Interessenten zuziehen,

b) die zu expropriirenden Grundstücke durch drei Sachverständige abschätzen lassen,

c) einen Plan und Vermessungsregister anfertigen, welcher die Lage der Grundstücke und die Namen der Besitzer enthält und demnächst

1. die zu expropriirenden Grundstücke auspfählen und den bisherigen Besitzern die Benutzung untersagen — § XVII,

2. die Entschädigung vorbehaltlich des Rechtsweges festsetzen. §§ XVIII u. V.

Die Entschädigung erfolgt entweder durch Land und zwar aus dem Terrain des alten Weges oder Domainengrundstücken, oder Gemeindeplätzen, oder in Geld. Im letzteren Falle wird der Ertrag des expropriirten Bodens mit 4 pCt. kapitalisirt. § XVIII Nr. 9.

Hinsichtlich der auf den expropriirten Grundstücken haftenden Lasten ist bestimmt, daß sie:

a) wenn Geldentschädigung gewährt wird, dem Eigenthümer des Grundstücks vergütet und von ihm weiter entrichtet werden müssen und

b) wenn Naturalentschädigung erfolgt, auf die Entschädigungsländereien übergehen.

Eine Zuziehung der Realberechtigten findet also nicht statt.

Die Zahlung der Entschädigung geschieht:

a) unbedingt an den Eigenthümer, wenn sie für entbehrte Nutzungen und Chausseebaumaterialien zu entrichten ist, § XVIII Nr. 15.

b) rücksichtlich der Entschädigung für Grund und Boden enthielt die Cab.-Ordre vom 8. August 1832 — Ges. S. S. 202 — die erforderlichem Bestimmungen.

Dies Edict galt aber, wie bereits oben — § 3 — erwähnt worden, außer in der Churmark, nur noch in der Neumark, dagegen ist dasselbe in den übrigen, der Herrschaft des Allgemeinen Landrechts unterworfenen Theilen der Monarchie nicht publicirt, so daß hier die Vorschriften des Landrechts gelten, soweit sie nicht in einzelnen Punkten abgeändert und ergänzt sind. Dies ist insoweit der Fall, als

a) bei Chaussee-Anlagen durch die Cabinets-Ordre vom 11. Juni 1825 (Gesetz-Samml. S. 252) die Verpflichtung der Grundbesitzer zur unentgeltlichen Hergabe von Sandsteinen und Kies als Regel angeordnet und eine Vergütung dafür — außer dem Ersatze des an dem Lande etwa verursachten Schadens — ausnahmsweise nur dann vorgeschrieben ist, wenn die Grundbesitzer glaubhaft nachweisen können, daß sie dergleichen Materialien zu eigenen Bauten selbst bedürfen, oder daß sie solche vor dem beabsichtigten Bau der Chaussee während ihrer Besitzzeit schon anderweitig an Ort und Stelle verkauft haben. In diesem Falle soll ihnen der nachgewiesene Verkaufspreis vergütet werden.

b) Die über die Auszahlung resp. Deposition der Entschädigungsgelder für das zu Chausseebauten abgetretene Land für die Churmark gegebenen Vorschriften der Cabinets-Ordre vom 8. August 1832 sind durch spätere Verordnungen auf die übrigen Provinzen des Preußischen Staats (excl. Rheinland, Hohenzollern und Jahde-Gebiet) ausgedehnt, und zwar:

durch Cabinets-Ordre vom 17. Februar 1843 (G. S. S. 23) auf Preußen,

durch Cabinets-Ordre vom 22. August 1833 (G. S. S. 117) auf Posen,
durch Cabinets-Ordre vom 18. October 1844 (G. S. S. 179) auf Sachsen,
durch Cabinets-Ordre vom 25. März 1837 (G. S. S. 37 u. 69) auf Schlesien u. Pommern, excl. Neu-Vorpommern,
durch Cabinets-Ordre vom 8. December 1838 (G. S. S. 7 1839) auf Westphalen.

Dieselben Vorschriften finden auf die Zahlung der Geldentschädigung für Fluß- und Canalbauten Anwendung und sind durch die Cabinets-Ordre vom 25. April 1836 (G. S. S. 179) auch auf die Entschädigungsgelder bei Abtretungen zum Festungsbau ausgedehnt.

B. Eisenbahnbauten.

Für den ganzen Umfang der Monarchie, wie er vor dem Jahre 1866 bestand, galt das Gesetz vom 3. November 1838 (G. S. S. 505), welches später durch die V. O. vom 19. August 1862 auf das Jahdegebiet und durch die V. O. vom 22. Mai 1867 auch auf die Bair. Enclave Kaulsdorf ausgedehnt wurde.

III. In den älteren Landestheilen der Monarchie, in welchen das gemeine Recht gilt, also im ostrheinischen Kreise des Regierungsbezirks Coblenz, in Neu-Vorpommern und den Hohenzollernschen Landen fehlte es an allgemeinen Vorschriften sowohl über das Recht der Expropriation, als auch über das Verfahren.

Nur in den ehemals Nassauischen Bezirken des Regierungsbezirks Coblenz war das Verfahren durch das Nassauische Edict vom 25./26. August 1812 geregelt, und diese Verordnung durch die Allerhöchste Order vom 9. April 1844 (Coblenzer Amtsblatt von 1844, S. 179) auf das Gebiet Wetzlar ausgedehnt.

Diese Vorschriften sind durch das Gesetz, betreffend das Expropriations-Verfahren im Bezirk des Justiz-Senats Ehrenbreitstein vom 8. April 1868 (G. S. S. 338), aufgehoben und der Regierung die vorläufige Feststellung der Entschädigung vorbehaltlich des beiden Theilen zustehenden Rechtsweges übertragen.

In den neu erworbenen Provinzen war die Lage der Gesetzgebung folgende:

A. Im vormaligen Königreich Hannover existirte kein allgemeines Expropriationsgesetz. Der § 35 der Hannoverschen Verfassungs-Urkunde vom 6. August 1840 enthält zwar allgemeine Grundsätze über die Entziehung des Eigenthums zu öffentlichen Zwecken. Diese Bestimmung war durch die Einführung der Preußischen Verfassung

— § 2 des Gesetzes vom 20. September 1866 —

unausführbar geworden, weil der zur Mitwirkung bei dem Expropriationsverfahren berufene Staatsrath aufgehoben war. Das Bedürfniß eines allgemeinen Expropriationsgesetzes hat deshalb Veranlassung gegeben, die Functionen dieser Behörde durch das Gesetz vom 12. März 1871 (G. S. S. 155) dem Staats-Ministerium zu übertragen. Außerdem kommen für Hannover die nach dem jedesmaligen Bedürfniß erlassenen Specialgesetze noch in Betracht.

Zwei derselben datiren aus älterer Zeit und weichen von den Grundsätzen der allegirten Hannoverschen Verfassungs-Urkunde ab, nämlich:

I. Die Braunschweig-Lüneburg'sche Wege-Ordnung vom 5. März 1691,

Thl. III der Braunschweig-Lüneburg'schen Landes-Ordnungen 2c. S. 940,

welche im § 9 bestimmt, daß zur Anlage von Wegen ein Jeder seinen Acker hergeben, ihm dafür aus dem alten Wege und wenn derselbe nicht zu gebrauchen oder zureichend sei, von der Stadt, Amt oder Commune, worin der Weg gelegen, oder sonst ex publico billigmäßige Erstattung geschehen solle.

II. Die Verordnung vom 24. März 1829, betreffend die Grundsätze, nach welchen in Zukunft für die Benutzung von Gemeinheiten zu Exercierplätzen eine Entschädigung ermäßigt und geleistet werden soll, wie auch über das bei der Auswahl solcher Exercierplätze zu beobachtende Verfahren.

Hannoversche G. S. von 1829, S. 45.

Diese Verordnung soll jedoch nach den Berichten der Verwaltungs-Behörden großentheils antiquirt sein.

Die übrigen Specialgesetze sind von späterem Datum, als die Hannoversche Verfassungs-Urkunde, und haben den auch im Art. 9 der Preußischen Verfassungs-Urkunde aufgestellten Hauptgrundsatz, daß die Expropriation nur nach vorgängiger Entschädigung des Eigenthümers stattfinden solle, für die darin geregelten Specialfälle in Anwendung gebracht.

III. Das älteste ist das Gesetz, betreffend die Veräußerungsverpflichtung behufs Eisenbahnanlagen vom 8. September 1840 (Hannoversche G. S. S. 371), welches durch das Gesetz vom 6. August 1844 (Hannoversche G. S. S. 153) einige Abänderungen erlitten hat.

Dasselbe findet sowohl auf die vom Staate, als von Privatpersonen unternommenen Eisenbahnen Anwendung, Art. 64, Gesetz vom 8. September 1840, und ist durch das Gesetz vom 31. Juli 1850 (Hannoversche G. S. S. 116) auf die Landdrostei-Bezirke Osnabrück und Aurich ausgedehnt.

Zu demselben ist in Gemäßheit des Art. 65 eine besondere Instruction des Ministers des Innern vom 6. Mai 1844 (G. S. S. 95) erlassen, welche nähere Erläuterungen des Verfahrens, eine Instruction für die Sachverständigen und die Norm des von ihnen zu leistenden Eides enthält.

Das Gesetz selbst enthält theils Grundsätze des materiellen Rechts über den Gegenstand der Abtretung und die Höhe der zu leistenden Entschädigung, theils über das zu beobachtende Verfahren.

IV. Das Ges. über den Chausseebau vom 20. Juni 1851 — G. S. S. 119 — hat in dem Abschnitt III §§ 29—104 im Wesentlichen die in den Eisenbahngesetzen von 1840 und 1844 enthaltenen Grundsätze über die Enteignung auch für die Staatschausseen vorgeschrieben und einige der in der Min. Instr. vom 6. Mai 1844 enthaltenen Bestimmungen aufgenommen.

V. Das Gesetz über Gemeindewege und Landstraßen vom 28. Juni 1851 (G. S. S. 141) bestimmt im § 69, daß die Abtretung, Belastung oder Benutzung von Grundstücken, von Baulichkeiten, Rechten und Gerechtigkeiten behufs der Gemeinde- und Landstraßen nicht versagt werden darf, wo solche entweder

1. zur Ausführung eines zuständigen Orts beschlossenen Gemeindewege- und Landstraßenbaues des öffentiichen Nutzens wegen dringend erforderlich oder
2. zur Beseitigung nachtheiliger Verkehrshemmnisse oder Vermeidung künftiger Gefahren in und außerhalb der Orte (Städte, Flecken, Dörfer) nothwendig erscheint.

VI. Im Jahre 1866 wurde den Ständen der Entwurf einer neuen Allgemeinen Wege-Ordnung (Actenstücke der 15. Stände-Versammlung S. 939 seq.) vorgelegt, in welchem auch das Expropriations-Verfahren §§ 77—132 größtentheils nach den bisherigen Bestimmungen aufgenommen war. Die Berathung des Entwurfs ist indeß wegen der inzwischen eingetretenen politischen Ereignisse nicht erfolgt.

VII. Das Gesetz, die Veräußerungspflicht behufs der Anlage von Schifffahrts-Canälen und Häfen und behufs Schiffbarmachung von Flüssen vom 16. September 1846 (G. Samml. S. 193) enthält ähnliche Bestimmungen wie das Eisenbahngesetz und ist nach §§ 44, 45 auch auf Privat-Unternehmungen dieser Art anwendbar.

Ueber die Anlage muß ein förmlicher Plan vorgelegt werden. § 4. Alsdann entscheidet der Minister des Innern über die abzutretenden Flächen. §§ 8, 16.

Ueber die Pflicht zur Entschädigung ist von den Gerichten zu entscheiden. § 19. In diesem Falle kann die Abtretung und Belastung vorher nicht verweigert werden, doch muß auf Verlangen dessen, der die Entschädigung in Anspruch nimmt, der Betrag derselben sofort ermittelt und nach seiner Wahl gegen Caution an den Berechtigten gezahlt oder deponirt werden. l. c.

Nach Feststellung der Entschädigung werden die Interessenten, welche darauf Anspruch machen wollen, ex officio vorgeladen. § 36.

VIII. Die Bestimmungen des vorstehenden Gesetzes finden

a) nach der Deich- und Siehl-Ordnung für Ostfriesland vom 12. Juni 1853, §§ 175—177 (G. S. S. 85),

b) nach der Deich- nnd Siehl-Ordnung für das Fürstenthum Lüneburg und die vormals Lauenburgischen Landestheile vom 15. April 1862, §§ 166, 168 (G. S. S. 72),

c) nach der Deich- und Abwässerungs-Ordnung für die Grafschaften Hoya und Diepholz vom 22. Januar 1864, §§ 118, 120 (G. S. S. 38),

auch bei Abtretung, Belastung und vorübergehender Benutzung von Grundeigenthum oder anderen Rechten zur Anlegung, Unterhaltung oder Sicherung von Hauptdeichen nebst Zubehörungen und Siehlanstalten jedoch mit einigen Abänderungen Anwendung.

IX. Das Gesetz über Entwässerung und Bewässerung der Grundstücke, sowie über Bauanlagen vom 22. August 1847 (G. S. S. 263).

X. Die Berufung gegen die Entscheidung der oberen Verwaltungsbehörden in den Fällen der Gesetze zu III, VII und IX geht nach dem Ges. vom 28. December 1850 an die Abtheilung des Ministeriums des Innern in Ablösungs- und Theilungssachen.

XI. Zu feuerpolizeilichen Zwecken kann

a) nach dem Gesetz vom 9. Februar 1863 für Ostfriesland und dem Harlingerland (G. S. S. 27) und der Bekanntmachung des Ministerii des Innern vom 10. Februar 1863 (G. S. S. 29),

b) nach dem Gesetze vom 14. November 1864 für das Fürstenthum Lüneburg und die vormals Lauenburgischen Landestheile,

Grundabtretung gefordert werden, wenn der Wiederaufbau mehrerer abgebrannter Gebäude nach einem genehmigten Bauplan erfolgen soll und nach dem letzteren Gesetz auch zur Anlage von Feuerteichen.

XII. Für den Bergbau ist das durch die Verordnung vom 1. Januar 1867 eingeführte Preußische Berggesetz maßgebend (G. S. S. 770).

B. In dem vormaligen Churfürstenthum Hessen-Kassel sind die allgemeinen Vorschriften in dem Gesetz vom 30. April 1834 über Abtretung zu öffentlichen Zwecken (G. S. von 1834, S. 163) enthalten.

Dasselbe unterscheidet in Gemäßheit des § 22 der Verfassungs-Urkunde vom 13. August 1852 (G. S. S. 4)

a) Abtretung gegen vorgängige Entschädigung, §§ 1—15;
b) Abtretungen in Nothfällen (Wassers-, Feuers-, Hungers-, Kriegsnoth u. s. w.) §§ 16—18.

Die Bestimmungen dieses Gesetzes kommen auch zur Anwendung:

1. nach dem Gesetze vom 25. October 1837 (G. S. S. 48) bei Abtretungen zur Anlegung und Erweiterung von Kasernen und Plätzen für militairische Schießübungen;
2. nach dem Gesetze vom 22. Januar 1857 (G. S. S. 3) zur Anlegung und Erweiterung von Todtenhöfen, jedoch mit der Modification, daß
   a) die Expropriation nur nach Anhörung des Bezirksraths vom Ministerium ausgesprochen werden kann;
   b) der Eigenthümer die Abnahme des ganzen Grundstücks, welches nicht blos zu ökonomischen Zwecken benutzt ist,

vom Unternehmer fordern kann, wenn die Größe des Restgrundstücks auch über ¼ resp. ⅛ Acker beträgt;

3. nach § 1 des Gesetzes vom 30. October 1834 § 15 der Verordnung vom 4. Januar 1846 (N. G. S. II, S. 350) §§ 3 und 7 der Verordnung für Nieder- und Oberhessen vom 24. December 1819 (G. S. 1819 S. 97), welche durch das Ausschreiben des Staats-Ministeriums vom 24. April 1826 (G. S. S. 16) auf die Provinz Hanau und die Kreise Fulda und Hünfeld ausgedehnt ist, zu Wegebauten; doch sollen die Materialien und Steine aus Staatsforsten von unschädlichen Orten unentgeltlich verabfolgt werden; Gesetz vom 24. Juni 1840, § 7 (G. S. S. 14) und Gesetz vom 14. März 1850, § 13 (G. S. S. 3).

   Aeltere Bestimmungen, welche Abtretung von Grundstücken zu Landstraßen, Landwegen und Brücken vorschreiben, enthalten:

   a) die Schaumburger Polizei-Ordnung von 1615, § 21;
   b) Reglement vom 28. Juni 1726, §§ 5 und 12;
   c) Hanauer Reglement vom 2. Mai 1737, § 14;
   d) Reglement vom 4. Januar 1736, § 4 (Hessische Landes-Ordnungen Bd. 4. S. 917);

4. nach dem Gesetz vom 4. April 1866 (G. S. S. 9) zur Anlage und Erweiterung öffentlicher Unterrichts-Anstalten, Hospitäler, Kranken-Anstalten, Gerichts- und Gefängniß-Localien und öffentlicher Wasserleitungen;

5. nach dem neuesten Gesetze über Anlage von Eisenbahnen und Telegraphen vom 2. Mai 1863 (G. S. S. 9).

   Dies letztere weicht aber von dem Gesetze vom 20. October 1864 vielfach ab.

6. Bezüglich des Bergbaues gilt das Preuß. Berggesetz vom 24. Juni 1865.

7. Im § 19 des Gesetzes vom 30. October 1834 ist außerdem bestimmt, daß bei Brandschäden und überhaupt in solchen

Fällen, für welche das Verfahren besonders gesetzlich vorgeschrieben ist, die desfallsigen Bestimmungen beobachtet werden sollen.

Dahin gehört:

a) das Gesetz vom 28. October 1834 (G. S. S. 156) die Beseitigung mehrerer, der Verbesserung des Acker- und Wiesenbaues entgegenstehenden Hindernisse betreffend;

b) das Gesetz vom 17. December 1857, die Ausführung von Entwässerungs-Anlagen mittelst unterirdischer Röhren betreffend (G. S. S. 51);

c) das Edict wegen Bebauung der wüsten Bau- und Brandstätten, auch ledigen Plätzen in Städten, vom 24. Juni 1704. (Hessische Landes-Ordnungen Bd. III, S. 523).

C. In den von dem Großherzogthum Hessen abgetretenen Gebietstheilen galt das Großherzoglich Hessische Gesetz vom 27. Mai 1821 (Regierungsblatt S. 187).

Auf dies Gesetz ist verwiesen bei Expropriationen:

a) zu Provinzialstraßen — Gesetz vom 12. October 1830, Art. 8 (Reg.-Bl. S. 357) —, soweit dasselbe keine abweichenden Bestimmungen enthält.

Nach dem Gesetze vom 4. Mai 1839 (Regier.-Blatt S. 163) sollen aber die zu neu vereinbarenden Provinzialstraßen als Staatsstraßen angesehen werden. Für letztere gelten nach dem Gesetz vom 15. October 1830 (Reg.-Blatt S. 351) besondere Bestimmungen, die sich indeß nicht auf Wegnahme von Privateigenthum zu solchen Straßen beziehen;

b) zu Eisenbahn-Unternehmungen von Privat-Gesellschaften, Art. 1 Gesetz vom 18. Juni 1836 (Reg.-Bl. S. 329);

c) für den Zweck der Regulirung von Bächen, Art. 15 Gesetz vom 19. Februur 1853 (Reg.-Bl. S. 70).

Besondere Bestimmungen treten ein:

a) bei Entschädigung für die bei Bränden abgebrochenen und beschädigten Gebäude. Der Art. 18 des Gesetzes vom

27. Mai 1821 verweist auf die Brandversicherungs-Ordnung vom 18. November 1816;

b) bei Ueberlassung von Grundeigenthum zu Bauplätzen, Art. 19 des Gesetzes vom 27. Mai 1821. Die hierauf bezüglichen Bestimmungen sind:

   aa) in der Verordnung vom 29. Juli 1791, die Ueberlassung von Grundeigenthum zu Bauplätzen betreffend,

   bb) im § 6 der Verordnung vom 21. December 1809, die Errichtung von Gebäuden an Chausseen und Landstraßen betreffend,

   cc) in der Verordnung der Regierung zu Gießen vom 18. Juni 1811, die Abtretung von Bauplätzen betreffend,

   enthalten;

c) bei Enteignung zu Bergbauzwecken, hinsichtlich deren die Vorschriften des Bergrechts nach der Verordnung vom 22. Februar 1867 (Preußische G. S. S. 242) zur Anwendung kommen.

d) Außerdem enthalten die Gesetze:

   aa) über Wiesencultur vom 7. October 1821 (Reg.-Bl. S. 365),

   bb) über Entwässerung von Grundstücken vom 2. Januar 1858 (Reg.-Bl. S. 33),

   cc) über Errichtung und Beaufsichtigung von Wassertriebswerken vom 20. Februar 1853, Art. 10, 29. (Reg.-Bl. S. 75),

   besondere Vorschriften über das ganze Verfahren.

D. Im Amt Homburg galt das Landgräflich Hessische Gesetz vom 14. August 1841 über Abtretung von Privateigenthum zu öffentlichen Zwecken (Beilage A zum Amtsblatt Nr. 34).

Soweit sich das Hess. Gesetz vom 27. März 1821 und des Homburg. Ges. vom 14. August 1841 auf den Bergbau beziehen, sind dieselben durch die Einführung des Preuß. Berggesetzes beseitigt worden; nur Art. 24 des ersteren über Expropriation von Grundstücken mit Fossilien (Torf, Kalk u. s. w.) soll noch Gültigkeit haben.

In beiden Ges. ist übrigens erklärt (Art. 19 u. resp. Art. 13), daß die bestehenden Vorschriften wegen Ueberlassung von Grundeigenthum zu Bauplätzen nicht aufgehoben seien.

In letzterer Beziehung ist sodann noch zu erwähnen:

a) die Hessen-Darmstädt. Verordn. vom 29. Juli 1791, welche im Jahre 1811 auf den Fall der Errichtung neuer Wohngebäude restringirt und sodann auch im Amte Hessen-Homburg eingeführt wurde.

Hier wurde sie modificirt durch:

b) die Landgräflich Hessische Bauverordnung vom 1. September 1821 — Amtsblatt Nr. 29. —

Diese Bauverordnung sollte sodann:

c) nach der Verordnung vom 13. August 1835 — Amtsblatt Nr. 34 — fernerhin nicht Anwendung auf solche Grundstücke finden, welche zu den Pfarrwohnungen der Ortsgemeinden gehörten und endlich ist noch

d) die Bauverordnung vom 17. November 1842 — Reg.-Bl. Nr. 17 — zu nennen, betreffend die Expropriationen von Bauplätzen im Interesse von Stadt- und Ortsgemeinden.

E. In Frankfurt a. M. war an die Stelle älterer Gesetze vom 11. November 1856 und 26. Februar 1861 das Gesetz vom 8. Juni 1866 (Gesetz- und Statuten-Sammlung, Bd. 16, S. 357) getreten.

Dasselbe enthielt:

1. alle für einzelne Fälle, besonders für Nothfälle erlassenen Gesetze über gezwungene Abtretungen aufrecht (§ 1).

Dieselben sind:

a) die Feuer-Ordnung von 1784, § 51 (Bayerbach,

Samml. der Verordn. der freien Reichsstadt Frankfurt, S. 99),

b) das Bau-Statut vom 11. Juli 1819, Cap. 11 (Bender, Samml. Frankfurter Verordnungen aus den Jahren 1806 bis 1816, S. 65 bis 115),

c) das Gesetz vom 11. Februar 1845, Anlage von Steinbrüchen betreffend (Statuten-Samml. der freien Stadt Frankfurt, Bd. VIII, S. 88—91),

d) das Gesetz vom 6. Februar 1849, die Anlegung von Gärten, Gebäuden ꝛc. betreffend (l. c. Bd. X, S. 211, 212),

e) das Gesetz vom 1. April 1851, die Einfriedigungen ꝛc. betreffend (Bd. XI, S. 71, 79),

f) das Gesetz, die Errichtung von Brandmauern betreffend, vom 1. April 1851 (Bd. XI, S. 80, 84.)

2. Zu jeder Enteignung von Grundstücken und Gerechtigkeiten wurde:

a) ein Gesetz,

b) ein auf Grund desselben erlassenenes richterliches Urtheil erfordert, §§ 2, 3, 4, 6, 42.

Die Nothwendigkeit für jeden einzelnen Expropriationsfall ein Gesetz zu erlassen, trat aber bei der veränderten Verfassung der Ausführung von Unternehmen zu öffentlichen Zwecken störend entgegen und wurde deshalb durch das Ges. vom 12. März 1871 — G. S. S. 155 — die Zulässigkeit der Expropriation statt an ein Specialgesetz an einen Allerh. Erlaß geknüpft.

F. In den von Baiern abgetretenen Gebietstheilen galt das Gesetz vom 17. November 1837. Vergl. unten Anm. 3 zu § 1 des Ges.

G. Im Herzogthum Nassau war das Expropriationsverfahren geregelt durch die Herzogl. Verordn. vom 25./26. August 1812, — Samml. der Landesherrl. Edicte Bd. 1 S. 184. Die Ausführung des Edicts ist durch den § 18 des Edicts vom 5./6. Juni 1816 (Verordnungs-Blatt Band II. S. 4) und § 24 der Amtsverordnung vom 1. Juli 1816 der Herzoglichen Landesregierung übertragen, welche die Ausführungs-Ordnung vom 12. Juli 1838 (Verordn.-Samml. von 1824 bis 1845 S. 170) erlassen hat. Das ganze Verfahren war früher den Verwaltungsbehörden überwiesen. Nach Trennung der Justiz von der Verwaltung wurde das Verfahren, insbesondere die Feststellung der Entschädigung durch § 74 Abschnitt 1 und 2 der Kreisverwaltungs-Ordnung vom 4. April 1849 (Verordn.-Bl. 133) den Aemtern als Justizbehörden erster Instanz überwiesen. Hierbei ist es auch nach Wiedervereinigung der Justiz- und Verwaltungsbehörden in der untern Instanz durch das Gesetz vom 24. Juni 1854 (Verordnungs-Bl. S. 160) verblieben. Nach dem Gesetze vom 26. Juni 1867 über die Gerichts-Verfassung in Nassau (Ges.-Samml. S. 1094, § 5 ad 3) gehört das Verfahren vor die Amtsgerichte.

Die in diesen Verordnungen enthaltenen Bestimmungen sind sodann mit einigen Modificationen in folgenden Specialgesetzen zur Anwendung gebracht:

1. nach der Regierungs-Verordnung vom 10. April 1816 (Verordn.-Bl. Bd. II, S. 149) ist bei Errichtung von Gebäuden in Baulinien das Expropriations-Verfahren nach der Reihenfolge der Baustellen zulässig.
2. nach der Ministerial-Verfügung vom 12. September 1829 § 1 (Verordn.-Bl. S. 65) zu Bach-Regulirungen;
3. nach der Regierungs-Verordnung vom 27. Juli 1858 §§ 3, 11, 14, 34 zu Be- und Entwässerungs-Anlagen und Wasser-Triebwerken an Bächen (Verordn.-Bl. S. 100);
4. nach dem Chaussee-Baugesetz vom 2. October 1862 (Verordn.-Bl. S. 176) zu Anlagen von Chausseen mit den in § 5 bestimmten Abweichungen.

Zu den besonderen Bestimmungen im Interesse der Landescultur gehörten:

1. die Cultur-Verordnung vom 7./9. November 1812 (Verordn.-Bl. Bd. I, S. 187) über Hüt- und Weideberechtigungen;
2. das Feldfrevel-Gesetz vom 19. Februar 1863 (Verordn.-Bl. S. 103);
3. die Regierungs-Verordnung vom 7. Juli 1860, betreffend die Erhaltung der Mineralquellen (Verord.-Bl. S. 137);
4. die Ministerial-Verordnung vom 12. December 1829 (sub II. 2. oben), welche auf den ganzen Regierungs-Bezirk Wiesbaden ausgedehnt war;

   Verordnung vom 2. September 1867 (G. S. S. 1462);
5. die Ministerial-Verordnung vom 22. März 1856, betreffend das Verbot der Theilung von Ackerland und Wiesen in Flächen unter 50 resp. 25 Ruthen (Verordn.-Bl. S. 51);
6. die Verordnung vom 28. Mai 1867, betreffend die Bildung von Genossenschaften zu Ent- und Bewässerungen (G. S. S. 769);
7. die Gesetze über Ablösung der Zehnten, Grundabgaben und Gülten vom 24. December 1848 (Verordn.-Bl. S. 315) und vom 14. April 1849 (Verordn.-Bl. S. 137);
8. das Berggesetz, Verordnung vom 22. Februar 1867 (G. S. S. 237).

H. In den Herzogthümern Schleswig und Holstein ist als allgemeines Gesetz das Patent vom 28. October 1811, betreffend die Ueberlassung eines Grundstücks zum öffentlichen Gebrauch für die Herzogthümer Schleswig und Holstein erlassen (Verwaltungs-Blatt von 1811. S. 288).

Besondere Vorschriften enthielten:

a) die Verordnung, betreffend Wasserlösungs-Angelegenheiten in Schleswig, vom 6. September 1863, §§ 14, 47, 48, 57 (Schleswigsche Verordnungen von 1863 S. 232);

b) das Deichreglement vom 6. April 1863. §§ 7, 27 und 29.

Dazu sind zu erwähnen:

a) Die Königl. Verordn. vom 28. November 1837 betreffend das Verfahren bei Ausmittelung der Entschädigung für die bei Vornahme von Straßenbauten abzutretenden Grundstücke und Gerechtsame, welche überhaupt die Vorschriften über das Expropriationsverfahren enthielt und

b) die Wegeordnung vom 1. März 1842 — Verordn.-Bl. S. 191 u. ff. —, welche nach der Verfügung vom 17. Mai 1842 auch auf Eisenbahnanlagen Anwendung fand.

Zwar wurde in sämmtlichen neu erworbenen Landestheilen das Preußische Gesetz vom 3. November 1838 über die Eisenbahnen eingeführt,

— Verordnung vom 19. August 1867 (G. S. S. 1426) —, jedoch mit Ausschluß der auf das Expropriations-Verfahren bezüglichen Bestimmungen der §§ 11 bis 13 und 15 bis 19.

In dieser Beziehung galten also die oben angeführten Vorschriften.

Dagegen sind alle Verhandlungen über Besitzveränderungen, welche zum Zweck des gemeinen Besten unter Verpflichtung der Interessenten angeordnet werden müssen, und wegen der Entschädigung für die Abtretung zum Chausseebau oder diesem im Geltungsbezirk des Gesetzes wegen der Stempelsteuer vom 7. März 1822 (G. S. S. 57) gleich gestellten Bauten in Anspruch genommenen Grundstücke, insofern dieselben der Expropriation unterworfen sind, ohne Unterschied, ob die Veräußerung selbst durch die Expropriation oder freien Vertrag bewirkt ist, von der Stempelsteuer befreit.

§ 3. Litt. e der Verordnung vom 19. Juli 1867, betreffend die Verwaltung des Stempelwesens in dem vormaligen Königreich Hannover, dem vormaligen Churfürstenthum Hessen, dem Herzogthum Nassau und den vormals Bayerischen Gebietstheilen (G.-S. S. 1191).

§ 3. Litt. e der Verordnung vom 7. August 1867 betreffend die Erhebung der Stempelsteuer in den Herzogthümern Schleswig und Holstein (G.-S. S. 1277).

Aus der vorstehenden Darstellung ergiebt sich:

1. daß zwischen den im Bezirk des Appellations-Gerichtshofes zu Cöln und den übrigen Landestheilen geltenden Rechte der principielle Unterschied bestand, daß nach ersterem bei der Feststellung des Objects der Enteignung eine Mitwirkung der Gerichte stattfand;
2. daß sowohl in Beziehung auf das Verfahren bei Feststellung des zu enteignenden Objects als bei Ermittelung der Entschädigung;
3. rücksichtlich der Zulässigkeit des Rechtsweges über die Entschädigung;
4. rücksichtlich der Grundsätze über die Ermittelung der Entschädigung, der Zuziehung der Interessenten, der Beschränkungen des Eigenthümers nach Feststellung des Plans und der Sicherung der Rechte der Realberechtigten, Realgläubiger, Nutzungsberechtigten, Pächter und Miether und der Wirkungen der Enteignung von einander abweichende Bestimmungen bestanden und daß es theilweise gänzlich an gesetzlichen, darauf bezüglichen Vorschriften fehlte.

Unter solchen Umständen mußte deshalb der Erlaß eines das Expropriationswesen in dem ganzen Umfange der Monarchie regelnden Gesetzes als ein dringendes Bedürfniß erscheinen.

G e s e tz

über die

Enteignung von Grundeigenthum.

Wir Wilhelm, von Gottes Gnaden König von Preußen rc.

verordnen unter Zustimmung der beiden Häuser des Landtags für den ganzen Umfang der Monarchie was folgt:

Titel I.

Zulässigkeit der Enteignung.

§ 1.

Das Grundeigenthum[1]) kann nur aus Gründen des

---

[1]) Gegenstand der Expropriation sind nach diesem Gesetze nur das Grundeigenthum und die Rechte an demselben (§ 6). Im Begriffe der Expropriation liegt diese Beschränkung zwar nicht, denn es ist kein Grund abzusehen, weshalb nicht auch die Enteignung von Mobilien im öffentlichen Interesse sollte nothwendig werden können. Das Allgem. Landrecht erwähnt auch im § 7, Tit. 11, Th. I einen Fall der Expropriation beweglicher Sachen und die Rechtslehrer haben sich ohne Ausnahme gegen eine Beschränkung auf unbewegliche Gegenstände ausgesprochen. — Vergl Meyer a. a. O. S. 263, Treichler a. a. O. S. 140, Häberlein a. a. O. S. 174 und Grünhut a. a. O. S. 73. Es ist aber nicht zu verkennen, daß einerseits die Enteignung von Mobilien im practischen Leben immer nur eine untergeordnete Rolle spielen wird, weil es dem Eigenthümer stets sehr leicht sein wird, sich den Wirkungen einer solchen Expropriation zu entziehen, und daß andererseits besondere Schwierigkeiten in der That nur bei der Enteignung unbeweglichen Eigenthums vorzukommen pflegen. Aus diesen Gründen ist man dem Beispiel aller übrigen Gesetzgebungen gefolgt und hat das Recht der Expropriation auf das Grundeigenthum beschränkt.

öffentlichen Wohles[2]) für ein Unternehmen[3]), dessen Aus=

Daß übrigens neben diesem Gesetze die älteren auf Specialgesetzen beruhenden Bestimmungen betreffend den Zwangsverkauf an beweglichen Gegenständen wie solche z. B. in der V. O. vom 24. Februar 1834 und den Ges. vom 11. Mai 1851 u. 12. September 1855, sowie der V. O. vom 22. September 1867 enthalten sind, in Kraft geblieben sind, ist selbstverständlich.

Vergl. auch die §§ 23, 50 u. ff.

Bestritten ist die Frage, ob auch an dem unbeweglichen Eigenthum des Staats eine Enteignung möglich sei. Treichler a. a. O. S. 140 verneint dieselbe, weil ein Zwang des Expropriirenden gegen sich selbst eine Absurdität sei, allein man wird sich mit Meyer a. a. O. S. 262 und Häberlin a. a. O. S. 176 unbedingt für die Bejahung aussprechen müssen, weil der Staat keineswegs immer selbst der Expropriirende ist. Wo der Staat aber das Expropriationsrecht einem Anderen verliehen hat, da ist er auch selbst diesem Rechte mit seinem eignen unbeweglichen Eigenthum unterworfen und es erscheint auch nicht gerechtfertigt wie Grünhut S. 76 thut, einen Unterschied zwischen öffentlichem Gut und Staatsgut zu machen und nur das letztere als Gegenstand der Expropriation anzuerkennen, das erstere dagegen von einer solchen ganz auszuschließen.

Denn abgesehen davon, daß diese Unterscheidung einer inneren Begründung entbehrt, kann auch durchaus nicht anerkannt werden, daß alles dasjenige Grundeigenthum, welches Grünhut zum öffentlichen Gut rechnet, wie z. B. Landstraßen, Festungswerke u. s. w. unter keinen Umständen ein Gegenstand der Enteignung sein dürfe.

Es wird allerdings Sache der Staatsgewalt sein, in jedem einzelnen Falle vor der Verleihung des Expropriationsrechtes zu prüfen, ob und in welchem Umfange Staatseigenthum enteignet werden muß, und von dem Resultate dieser Prüfung die Verleihung abhängig zu machen; ist die letztere aber einmal erfolgt, dann steht das Eigenthum des Staates dem der Privaten in Bezug auf die Expropriation völlig gleich.

Uebrigens ist auch bei der Berathung des vorliegenden Gesetzes allseitig anerkannt worden, daß dasselbe sich zweifellos auf das gesammte Grundeigenthum, einschließlich des Besitzes von Staat, Kirche und Corporationen beziehe. Vergl. Ber. der X. Comm. des A. H. Session 1871/72 und die Anm. 13 zu § 5.

führung die Ausübung des Enteignungsrechtes erfordert, ge=

---

[2]) Wiederholt hat sich in den verschiedenen Stadien der Gesetzgebung die Auffassung Geltung zu verschaffen gesucht, daß die Bestimmung, daß das Grundeigenthum „aus Gründen des öffentlichen Wohles“ enteignet werden könne, viel zu allgemein gefaßt sei.. Man hob hervor, daß der § 1 des Ges. eigentlich weiter nichts sei, als eine Reproduction des Art. 9 der Verf. Urk. und daß bei der beliebten Fassung dem subjectiven Ermessen der Behörde ein viel zu weiter Spielraum gelassen werde. Die bezüglichen Anträge, daß das Gesetz die Unternehmungen, für welche eine Expropriation zulässig sein solle, wenigstens der Gattung nach, also in allgemeinen Categorieen bezeichne, sind indeß sämmtlich abgelehnt worden. Vergl. hierüber insbes. den Bericht der X. Comm. des H. H. Session 1869/70 S. 2 u. ff.

Zu verkennen ist allerdings nicht, daß die Unbestimmtheit des Begriffes „öffentliches Wohl“ zu ernsten Bedenken Veranlassung giebt, und man ist deshalb auch in der Wissenschaft eifrig bemüht gewesen, den Rechtsgrund der Expropriation möglichst genau zu präcisiren, ohne daß dies indeß bisher in einer befriedigenden Weise gelungen ist.

Vergl. hierüber insbes. Meyer a. a. O. S. 163 u. ff.

Die zutreffendste Bestimmung des Rechtsgrundes der Enteignung findet sich unzweifelhaft bei Meyer selbst, welcher (S. 178) dieselbe dann für gerechtfertigt hält, wenn sie in Anwendung gebracht wird, einmal zur Erhaltung des Staates selbst, dessen Existenz ja Vorbedingung der Erfüllung des Staatszweckes ist und zweitens zur Erfüllung derjenigen Aufgaben, deren Inbegriff als Staatszweck anzusehen ist. Will man also feststellen, sagt Meyer, ob für eine Unternehmung das Expropriationsrecht in Anwendung gebracht werden soll, so muß man fragen: Ist die Beförderung dieser Unternehmung unter den gegenwärtigen staatlichen Verhältnissen als Staatszweck zu betrachten, oder nicht?

Allerdings ist auch der Begriff „Staatszweck“ noch ein recht dehnbarer und insbesondere ein mit den Culturverhältnissen des Volkes wechselnder, und es wird deshalb auch bei dieser Begrenzung der Zulässigkeit von Expropriationen immer noch eine Reihe von Unternehmungen übrig bleiben, bei denen es zweifelhaft sein wird, ob sie wirklich innerhalb der Grenzen des Staatszweckes liegen und lediglich der Erfüllung der Aufgaben des Staates dienstbar sind, es ist aber gewiß nicht in Abrede zu stellen, daß durch diese Präcisirung für eine ganze Anzahl

gen vollständige[4]) Entschädigung entzogen oder beschränkt werden.

---

zweifelhafter Fälle immerhin ein werthvolles Entscheidungsprincip gewonnen ist.

[5]) In der vor. Anm. ist bereits bemerkt worden, von welcher Art im Allgemeinen diejenigen Unternehmungen sein müssen, bei welchen eine Enteignung eintreten kann. Von einer Aufstellung bestimmter Categorieen von Unternehmungen, wie dies z. B. in dem bairischen Gesetze vom 17. November 1837 geschehen ist, hat man, wie gleichfalls bereits bemerkt worden, Abstand genommen, weil man erkannte, daß es nicht wohl möglich sei, in dem vielgestaltigen wirthschaftlichen Leben eines großen Volkes im Voraus alle Fälle zu erfassen, wo im Interesse des Staatsganzen die Anwendung des Expropriationsrechtes zulässig sei. Eine Categorisirung, so meinte man, müsse daher unvermeidlicher Weise eine so allgemeine werden, daß sie kaum einen anderen practischen Werth erlange, als die Entscheidung in die Hände der unteren Behörden zu legen und überdies biete dieselbe für den Grundeigenthümer die Gefahr, daß man aus der Existenz bestimmter Categorieen ein Recht zur Expropriation herleiten könne, was bis jetzt nicht existire. Bericht der X. Comm. des A. H. Session 1871/72 S. 3.

Nichtsdestoweniger wird es von Interesse und für eine richtige Handhabung des Ges. von wesentlichem Nutzen sein, diejenigen Categorieen hier aufzuführen, welche in den Gesetzen anderer Länder und von den Rechtslehrern als geeignete Expropriationsfälle bezeichnet werden.

Das bairische Gesetz führt folgende Fälle auf:

1. Erbauung von Festungen oder sonstigen Vorkehrungen zu Landes-Defensions- und Fortificationszwecken, insbesondere auch Militairetablissements;
2. Erbauung oder Erweiterung von Kirchen, öffentlichen Schulhäusern, Spitälern, Kranken- und Irrenhäusern;
3. Herstellung neuer oder Erweiterung schon bestehender Gottesäcker;
4. Regelung des Laufes und Schiffbarmachung von Flüssen und Strömen;
5. Anlegung neuer und Erweiterung, Abkürzung oder Erbauung schon bestehender Staats-, Kreis- und Bezirksstraßen;
6. Herstellung öffentlicher Wasserleitungen;
7. Austrocknung schädlicher Sümpfe in der Nähe von Ortschaften;

§ 2.

Die Entziehung und dauernde Beschränkung des Grund=

8. Beschützung einer Gegend vor Ueberschwemmungen;
9. Erbauung von öffentlichen Canälen, Schleusen und Brücken;
10. Erbauung öffentlicher Häfen oder Vergrößerung schon vorhandener;
11. Erbauung von Eisenbahnen zur Beförderung des inneren oder äußeren Handels und Verkehrs;
12. Aufstellung von Telegraphen zum Dienste des Staates;
13. Vorkehrung zu wesentlich nothwendigen sanitäts= oder sicherheitspolizeilichen Zwecken; insbesondere
14. Schirmung der Kunstschätze und wissenschaftlichen Sammlungen des Staates vor Feuers= oder anderer Gefahr.

Die Categorie sub 2 ist in dem bair. Gesetze aber offenbar zu eng gefaßt, denn es ist nicht abzusehen, weshalb eine Expropriation nicht auch zur Anlegung und Erweiterung von Marktplätzen und anderen öffentlichen Plätzen, zur Erbauung von Strafanstalten, Gemeinde= und Pfarrhäusern, Taubstummen= und Blindenanstalten, Gasanstalten, Turnanstalten, sowie zur Einrichtung öffentlicher Bade= und Schwimmanstalten und ähnlicher öffentlicher Anlagen stattfinden soll. Die Expropriationsgesetze der Thüring. Staaten enthalten auch in dieser Richtung detaillirte Vorschriften.

Auch zur Herstellung und Erweiterung der zur Bezeichnung und Sicherstellung der Landesgrenze erforderlichen Räume wird eine Expropriation zulässig sein müssen, wie nicht minder im Interesse der Durchführung einer Landesvermessung. Vergl. aber § 54.

Ferner sind entschieden hierher zu rechnen öffentliche Anlagen zur Beförderung und zum Schutze der Industrie, des Handels und der Schifffahrt, insbesondere also die Erbauung von Leuchtthürmen und die Errichtung anderer zum Schutze der Schifffahrt dienender Zeichen und Marken.

Vergl. hierüber insbes. Grünhut S. 82 u. ff., Meyer S. 245 u. ff., Häberlin S. 155 u. ff. und den Bericht der XVI. Comm. des A. H. Session 1869 S. 9 u. ff.

In dem letzteren ist bemerkt worden, daß die Expropriation für folgende Anlagen principiell nicht wohl auszuschließen sein dürfte:

1. Zur Ausführung aller direct oder indirect der Landesvertheidi=

eigenthums erfolgt auf Grund Königlicher Verordnung[5]),

digung dienenden Anlagen, als Festungswerke oder Unterkunftsräume für lebende oder todte Streitmittel, sowie Uebungsplätze;

2. zur Anlegung, Erweiterung und Veränderung von Wegen, Straßen, Plätzen, Brücken, Canälen, Häfen, Flußbetten; zu öffentlichen Anlagen, die zum Einladen und Ausladen von Waaren dienen, Leuchtthürmen und anderen Seezeichen, Eisenbahnen, öffentlichen Wasser=, Gas=, und Telegraphenleitungen;
3. zur Erbauung oder Erweiterung von öffentlichen Schulanstalten, Kirchen, Pfarren, Begräbnißplätzen, Armen=, Kranken= und Irrenanstalten, Strafanstalten jeder Art, Markthallen und öffentlichen Schlachthäusern;
4. zur Erweiterung der Städte und Dörfer, zum Wiederaufbau zerstörter Gebäude, wenn nach dem allgemeinen Bauplan eine Veränderung der Baustätten erforderlich wird;
5. (wie zu 7 und 8 in dem bair. Gesetz);
6. (wie zu 13 im bair. Gesetz);
7. in Fällen öffentlichen Nothstandes, namentlich bei Feuers= und Wassersgefahr, Erdbeben und Erdfällen, in Kriegs= und anderer dringender Noth;
8. (wie zu 14 im bair. Gesetz) und
9. zu Gebäuden für öffentliche Behörden.

Für eine Reihe dieser Expropriationsfälle sind indeß Specialgesetze ergangen. Vergl. unten zu § 54.

Aehnliche Categorieen stellt auch Häberlin a. a. O. S. 171 u. 172 auf.

[4]) Vollständige Entschädigung, d. h. dieselbe soll vollkommen den Schaden ersetzen, welchen der Expropriat durch die Eigenthumsentziehung erleidet, sie soll den Vermögensunterschied ausgleichen, welcher zwischen dem Zustande vor und nach der Enteignung erkennbar ist. Sie umfaßt daher den gemeinen und den außerordentlichen Werth nach landrechtlichem Begriff. Ber. der XVI. Comm. des A. H. Session 1869 S. 3.

[5]) Dem Erforderniß der gesetzlichen Regelung der Frage, ob bei Ausführung einer Unternehmung die Anwendung des Expropriationsrechtes zulässig sei, läßt sich in dreifach verschiedener Weise genügen:

a) es wird in jedem einzelnen Falle ein besonderes Gesetz erlassen,
b) das Gesetz bezeichnet ein für alle Mal die Categorieen von Unternehmungen, bei denen die Enteignung zulässig sein soll,

welche den Unternehmer und das Unternehmen, zu dem das Grundeigenthum in Anspruch genommen wird, bezeichnet[6]).

---

c) das Gesetz bezeichnet ein bestimmtes Organ im Staate, welchem die Lösung der Frage im einzelnen Falle überlassen ist.

Die erste Art der Lösung, welche der Gesetzgebung Englands zu Grunde liegt, hat bei der Berathung des vorliegenden Gesetzes nur wenig Vertheidiger gefunden. Es wurde namentlich darauf hingewiesen, welche großen Schwierigkeiten entstehen würden, wenn jeder einzelne Expropriationsfall beiden Häusern des Landtags zur Berathung und Beschlußfassung unterbreitet werden müßte.

Ueberdies wurde auch, gestützt auf die in England gemachten Erfahrungen, hervorgehoben, daß sich das Eintreten der Gesetzgebung in allen Einzelfällen sowohl aus staatspolitischen, als auch staatsmoralischen Gründen durchaus nicht empfehle. Vergl. Bericht der XVI. Comm. des A. H. Session 1869 S. 7.

Aus welchen Gründen man auch die zweite Art der Lösung, die Aufstellung bestimmter Categorieen nicht gewählt hat, ist in der Anm. 3 bereits erörtert worden.

Es blieb hiernach nur die dritte Art der Lösung übrig, welche ja auch bis dahin schon in dem größten Theile des Preuß. Staates und insbesondere im Gebiete des Allgem. Landrechts die gesetzliche gewesen war.

Zwar wurde von verschiedenen Seiten eine größere Garantie wider einen etwaigen Mißbrauch des Enteignungsrechtes zu beschaffen gesucht, und zwar wurde vorgeschlagen:

1. in jedem Falle der Enteignung zu fordern:
   a) die Mitcontrasignatur der Königlichen Verordnung durch den Justizminister,
   b) für den Fall der demnächstigen Schaffung eines höchsten Verwaltungsgerichtshofs ein Gutachten dieses Gerichtshofs als Grundlage der Enteignung;
2. anzuordnen, daß alljährlich der Landesvertretung ein Verzeichniß der Unternehmungen vorgelegt werde, für welche das Enteignungsrecht verliehen worden.

Diese Anträge wurden von anderer Seite aber aus dem Gesichtspunkte bekämpft, daß sie in Wirklichkeit einen größeren Schutz kaum gewähren würden. Es wurde auf den Zweifel hingewiesen, ob der Justizminister und eventuell der Verwaltungsgerichtshof — auch abgesehen

Die Königliche Verordnung[7]) wird durch das Amtsblatt

---

davon, daß ein solcher noch nicht existire — die Zulässigkeit der Enteignung nur in abstracto — nach der Natur des Falles im Allgemeinen — oder in concreto — nach der größeren oder geringeren Nothwendigkeit, welche der einzelne Fall in sich trage, — prüfen sollten. Zu einer Prüfung der letzten Art würden sie schwerlich im Stande sein, während eine Prüfung lediglich aus dem ersteren Gesichtspunkt wieder voraussetzen würde, daß man die Zulässigkeit der Enteignung auf bestimmte Categorieen von Fällen zurückführe, was doch bei § 1 für unthunlich erachtet sei. Gegen den Antrag unter 2 wurde namentlich darauf hingewiesen, daß die Fälle der Verleihung des Enteignungsrechts sich doch der Oeffentlichkeit nicht entziehen könnten, und mißbräuchliche Anwendungen auch in anderer Weise bei der Landesvertretung zur Sprache kommen würden.

Vergl. Ber. der VIII. Comm. des A. H. Session 1873/74.

Auch bei der Plenarberathung im A. H. wurden alle dahin abzielenden Anträge, eine größere Garantie gegen etwaige Willküracte der Verwaltungsbehörden zu erlangen, verworfen und die Regierungsvorlage angenommen.

In der Wissenschaft herrscht gleichfalls über die beste Art der Lösung der hier in Rede stehenden Frage keine Uebereinstimmung. Treichler S. 137, Häberlin S. 168 und Thiel S. 79 vertreten übereinstimmend den ersten Weg, und insbesondere bemerkt Häberlin, daß in jedem einzelnen Falle durch ein Gesetz bestimmt werden müsse, ob eine Anlage vom öffentlichen Interesse verlangt werde und zum öffentlichen Nutzen gereiche. Der öffentliche Nutzen sei also durch ein Gesetz zu constatiren und unmöglich könne man die Entscheidung dieser Frage dem bloßen Ermessen der Verwaltungsbehörde überlassen, die es ja nur mit der Anwendung der Gesetze zu thun und nach erhaltenen Instructionen zu handeln habe.

Aber wiewohl der Weg der Specialgesetzgebung principiell gewiß der allein richtige zu sein scheint, so ist es doch durchaus zu billigen, daß die preuß. Gesetzgebung denselben aus practischen Gründen vermieden hat. Gegen den Weg der Specialgesetzgebung vergl. besonders Meyer a. a. O. S. 257.

[6]) Da der Staat nicht immer als der Unternehmer erscheint der Umfang, in welchem das Recht ausgeübt werden kann, aber von der Art des Unternehmens abhängt und es für die betheiligten

derjenigen Regierung bekannt gemacht, in deren Bezirk das Unternehmen ausgeführt werden soll [8]).

§ 3.

Ausnahmsweise bedarf es zu Enteignungen der in § 2 gedachten Art einer Königlichen Verordnung [9]) nicht für

---

Grundbesitzer sowohl wegen ihrer Rechte auf Entschädigung, als ihrer etwaigen Einwendungen gegen die Anwendung der Allerh. Ordre auf ihre Grundstücke von Wichtigkeit ist, sowohl den Unternehmer, als den Zweck kennen zu lernen, zu welchem das Privateigenthum in Anspruch genommen wird, so erscheint es nothwendig, sowohl den Unternehmer als das Unternehmen in der Allerh. Ordre zu bezeichnen. Mot. zur Regierungsvorlage.

[7]) Die Frage über die Dauer des verliehenen Expropriationsrechts beantworteten die Vertreter der Staatsregierung dahin, daß es auf den Wortlaut der Enteignungsordre ankomme, bei Eisenbahnen nach dem Stande der Gesetzgebung aber wohl eine unbegrenzte Fortdauer des Rechts anzunehmen sei. Ein hiernächst gestellter Antrag, durch die Allerh. Ordre auch die Zeit zu bestimmen, für welche das Enteignungsrecht verliehen werde, wurde jedoch verworfen. Ber. der X. Comm. des A. H. Session 1871/72. Vergl. Anm. 45 zu § 21.

[8]) Ein Antrag, die Publication auch durch die Kreis- und sonstige zu öffentlichen Bekanntmachungen dienende Blätter zu bewirken, weil diese letzteren erfahrungsmäßig mehr gelesen würden, als das Amtsblatt, wurde abgelehnt, weil das Kreisblatt kein officielles Organ für die Bekanntmachung öffentlicher Erlasse sei.

Nach dem bisherigen Verfahren wurde in den älteren Provinzen die Königl. Ordre durch die Gesetzsammlung publicirt, indeß schon das Ges. vom 10. April 1872 (G. S. S. 357) traf hierin eine Aenderung, indem Verordnungen, betreffend die Verleihung des Expropriationsrechtes fortan nur durch die Amtsblätter publicirt werden sollten.

Die Vorschrift des § 5 des Ges. vom 10. April 1872, wonach eine Anzeige von dem durch die Amtsblätter publicirten Erlasse auch noch in die Gesetzsammlung aufzunehmen ist, ist jetzt jedoch durch den Schlußsatz des § 2 für die Expropriationsverleihungen in Wegfall gekommen.

[9]) Der § 3 ist eine Einschaltung der Comm. des A. H. aus der Session 1871/72, weil sie von der Anschauung ausging, daß es Unternehmungen gäbe, für welche im Verkehrsinteresse ein erleichtertes Ver-

Geradelegung oder Erweiterung öffentlicher Wege, sowie zur Umwandlung von Privatwegen in öffentliche Wege [10]), vorausgesetzt, daß das dafür in Anspruch genommene Grundeigenthum außerhalb der Städte und Dörfer belegen und nicht mit Gebäuden besetzt ist. In diesem Falle wird die Zulässigkeit der Enteignung von der Bezirksregierung [11]) (Landdrostei) ausgesprochen [11a]).

---

fahren als Ausnahme geboten erscheine und die Regierungsvorlage von 1873 nahm denselben unverändert auf.

Der Commissionsbericht äußert sich darüber folgendermaßen:

„Es blieb nach Erörterung verschiedener Vorschläge nur eine Categorie bestehen, für welche man dies Bedürfniß anerkannte, die Geradelegung und Verbreiterung öffentlicher Wege, weil erfahrungsmäßig es sich hier oft nur um Abtretung ganz geringfügiger Flächen handelt, die für den betreffenden Grundeigenthümer wenig oder gar nicht ins Gewicht fallen, während die Anordnung selbst für einen größeren Umkreis von Bedeutung sein kann. Auch wurde entscheidendes Gewicht darauf gelegt, daß so der Zustand erhalten bleibt, wie er in verschiedenen Landestheilen, so namentlich Schlesien, kraft besonderer Wege-Ordnungen besteht, und dort befriedigt. Nur glaubte man im Interesse des Privatrechts diese zugestandene Ausnahme auf die Inanspruchnahme von Grundeigenthum beschränken zu müssen, welches außerhalb der Ortschaften belegen und nicht mit Gebäuden besetzt ist."

Bei der Plenarberathung beantragte zwar der Abg. Windthorst (Bielefeld), den § 3 ganz zu streichen, die Mehrheit des Hauses entschied sich indeß für die Aufrechterhaltung desselben, weil es, wie der Berichterstatter ausführte, nicht zweckmäßig erscheine, diese größtentheils unbedeutenden und unbedenklichen Expropriationen an den schwerfälligen Apparat einer Königl. Verordnung zu knüpfen.

[10]) Die Einschaltung, „sowie zur Umwandlung von Privatwegen in öffentliche Wege" beruht auf einem von dem Abg. v. Wintzingerode bei der dritten Lesung gestellten Antrage. Der Antragsteller wies dabei insbesondere auf den § 135 Nr. II. der Kreisordnung hin.

[11]) Im Geltungsbereiche der Kreis-O. entscheidet an Stelle der Regierung das Verwaltungsgericht auf das Gutachten des Kreisausschusses resp. der Magisträte. § 56.

[11a]) Darüber, daß unter den im § 3 gedachten „öffentlichen Wegen"

§ 4.

Vorübergehende Beschränkungen werden von der Bezirksregierung angeordnet[12]).

Eisenbahnen nicht begriffen seien, herrschte allseitiges Einverständniß. Ber. der Comm. des A. H. Session 1873/74.

[12]) Dieser Paragraph lautete in der früheren Regierungsvorlage dahin: „Vorübergehende Beschränkungen werden von der Bezirksregierung oder den von ihr delegirten Behörden oder Beamten angeordnet."

Die damalige X. Comm. des A. H. acceptirte das im Entwurfe aufgestellte Princip, daß zeitweise Beschränkungen des Eigenthums zu öffentlichen Zwecken von dem Beschlusse der Regierung (Landdrostei) abhängig zu machen seien, weil mit der untergeordneten Bedeutung eines solchen Eingriffs in's Privateigenthum die Nothwendigkeit einer Königlichen Verordnung nicht im Einklange stehe, auch damit das bisherige allgemeine factische Verhältniß aufrecht erhalten bleibe, das zu keinen Mißständen Veranlassung gegeben habe. Dagegen verwarf die Mehrheit der Commission, entsprechend einem dahin eingebrachten Antrage die Zulässigkeit der Delegation dieser Befugniß auf untergebene Behörden oder Beamten, weil sie die, für die Unverletzlichkeit des Eigenthums immerhin wichtige Entscheidung in die Hände unqualificirter Personen legen könne, auch einzelne Verwaltungs-Behörden, die Landdrosteien in Hannover, gar nicht in der Lage seien, Geschäfte, die sie auszuführen hätten, zu delegiren. Vergeblich hoben die Regierungs-Commissarien und ein Theil der Commission hervor, daß die Delegation nur in schleunigen Fällen erfolgen solle, dafür erhebliche Gründe der Zweckmäßigkeit vorlägen, und diese Maßregel auch möglicherweise dem Eigenthümer sehr zum Vortheil gereichen könne. Es wurde auch ein vermittelndes Amendement abgelehnt, welches diesem Gedanken Ausdruck geben wollte durch Streichung der Worte „oder den von ihr delegirten Behörden oder Beamten," und Zufügung an ihrer Statt des Satzes:

> „in Nothfällen kann die Anordnung provisorisch auch durch von der Bezirks-Regierung speciell delegirte Behörden oder Beamten erfolgen."

Die Mehrheit der Commission hielt es ferner zur Sicherung der Rechte des Privat-Eigenthümers für geboten, die der Verwaltungs-Behörde hier beigelegte Befugniß nach dem Vorgange der in einzelnen Landestheilen bereits bestehenden Vorschriften, sowie des Berg-Gesetzes

Dieselben dürfen wider den Willen des Grundeigenthümers die Dauer von drei Jahren nicht überschreiten. Auch darf dadurch die Beschaffenheit des Grundstücks nicht wesentlich oder dauernd verändert werden. Zur Ueberschreitung dieser Grenzen bedarf es eines nach § 2 eingeleiteten und durchgeführten Enteignungsverfahrens[12a]).

Gegen den Beschluß der Bezirksregierung in den Fällen der §§ 3 und 4 steht innerhalb zehn Tagen nach der Zustellung jedem Betheiligten der Recurs an die vorgesetzte Ministerialinstanz offen[12b].)

---

vom 24. Juni 1865 und der 1868 dem Herrenhause gemachten Regierungs-Vorlage von vornherein auf einen dreijährigen Zeitraum und auf die Voraussetzung zu beschränken, daß die zeitweise Benutzung des in Anspruch genommenen Grundstücks nicht wesentlich oder dauernd verändere. Andernfalls werde der Eigenthümer der Gefahr ausgesetzt, ohne die im Gesetze vorgeschriebene Förmlichkeit für dauernde Entziehung i. e. Königliche Ordre, thatsächlich sich seines Eigenthums auf unbestimmte Zeit beraubt resp. sich außer Stand gesetzt zu sehen, dasselbe in der ursprünglichen Gestalt überhaupt wieder zu erlangen. Wenn auch die Regierungs-Vorlage an einer späteren Stelle, im § 10, ihm beim Ersichtlichwerden dieser Eventualität die Befugniß einräumen wolle, sich seines Eigenthumsrechts an dem Grundstücke gänzlich zu entschlagen und Uebernahme desselben Seitens des Unternehmers zu verlangen, so beschränke sie ihm doch zu Unrecht die Freiheit zu bestreiten, daß überhaupt der Fall der Expropriation vorliege, und auf Königliche Entscheidung zu provociren.

Das dritte Alinea ist erst bei der dritten Berathung auf Antrag des Abg. Windthorst hinzugefügt, nachdem ein zum § 3 beschlossener Zusatz desselben Inhalts vorher gestrichen worden war. Die Vertreter der Staatsregierung hatten die Zulässigkeit des Recurses für selbstverständlich erklärt.

[12a]) Welche Art von Beschränkungen der § 4 im Auge hat, darüber vergl. unten Anm. 52 zu § 23 u. Anm. zu § 50.

[12b]) Vergl. §. 56. Die in diesem § der Bezirksregierung übertragenen Befugnisse übt im Geltungsbereiche der Kreis-O. das Verwaltungsgericht aus.

§ 5.

Handlungen, welche zur Vorbereitung eines die Enteignung rechtfertigenden Unternehmens erforderlich sind, muß auf Anordnung der Bezirksregierung der Besitzer auf seinem Grund und Boden geschehen lassen[13]). Es ist ihm jedoch

[13]) In den Motiven der Regierungsvorlage — vergl. Drucksachen des H. H. Nr. 11 Session 1869/70 — ist ausdrücklich hervorgehoben, daß weder gesetzliche, noch Privatveräußerungsverbote, noch die Lehns- oder Fideicommiss-, Stammguts- oder Erbgutseigenschaft der Expropriation oder Beschränkung des Eigenthums entgegenstehe, und daß weder Staatsgüter, noch Güter der Kirche oder anderer Corporationen von der Expropriation ausgenommen seien, daß bei der allgemeinen Vorschrift des § 1 jedoch von einer ausdrücklichen bezüglichen Bestimmung Abstand genommen worden sei.

In der Commissionsberathung gab sich lebhaft die Tendenz kund, den Eigenthümer gegen die Gefahren und Nachtheile, welche ihm aus den Vorarbeiten des Unternehmens erwachsen könnten, möglichst sicher zu stellen und die Garantieen des Gesetzentwurfs noch zu verschärfen.

Es wurden deshalb zu Absatz 2 Anträge gestellt, welche dahin zielten, theils den im Entwurf bereits enthaltenen Gedanken einen genaueren Ausdruck zu geben, theils diese Gedanken dadurch zu ergänzen, daß sich an die Beiordnung des Taxators die sofortige Auszahlung der abgeschätzten Entschädigung — vorbehaltlich deren anderweiter Bestimmung im Rechtswege — bei Meidung der Inhibition der weiteren Vorarbeiten zu knüpfen habe. Diesem Antrage wurde zwar entgegnet, daß dadurch dem Unternehmer, wenn er zugleich Caution stellen müsse, doppelte Verpflichtungen auferlegt würden. Es wurde jedoch erwidert, daß der Eigenthümer nicht genügend geschützt sei, wenn er wegen seiner Schadensersatzansprüche der vielleicht am fernen Regierungssitze gestellten Caution nachlaufen und deren Auszahlung erst im förmlichen Rechtswege erzielen müsse, und daß jedenfalls der Regierungsentwurf völlig im Dunkeln lasse, welche Bedeutung die Zuziehung des Taxators eigentlich haben solle, wenn nicht die, daß dessen Schätzung mindestens als vorläufige Feststellung der Entschädigung in Gemäßheit des Artikels 9 der Verfassungsurkunde gelten und danach eine Auszahlung erfolgen solle.

In Verbindung mit dieser Ausführung wurde von anderer Seite hervorgehoben, daß, wenn man diese Folge an die Abschätzung knüpfe,

der hierdurch etwa erwachsende, nöthigenfalls im Rechtswege festzustellende Schaden zu vergüten. Zur Sicherstellung der Entschädigung darf die Bezirksregierung vor Beginn der Handlungen vom Unternehmer eine Caution bestellen lassen, und deren Höhe bestimmen. Sie ist hierzu verpflichtet, wenn ein Betheiligter die Cautionsstellung verlangt.

Die Gestattung der Vorarbeiten wird von der Bezirksregierung im Regierungsamtsblatte generell bekannt gemacht. Von jeder Vorarbeit hat der Unternehmer unter Bezeichnung der Zeit und der Stelle, wo sie stattfinden soll, mindestens zwei Tage zuvor den Vorstand des betreffenden Guts- oder Gemeindebezirks in Kenntniß zu setzen, welcher davon die betheiligten Grundbesitzer speciell oder in ortsüblicher Weise generell benachrichtigt. Dieser Vorstand ist ermächtigt, dem Unternehmer auf dessen Kosten einen be-

---

der Taxator jedenfalls ein beeideter sein müsse. Mit diesem Zusatze wurden hierauf die betreffenden Anträge durch Mehrheitsbeschluß angenommen.

Zu Absatz 3 wurde zunächst allseitig anerkannt, daß den eingefriedigten Hofräumen auch eingefriedigte Gartenräume gleichzustellen seien. Es wurde sodann geltend gemacht, daß zum Betreten von eingefriedigten Räumen die jedesmalige Einholung der Erlaubniß der Kreispolizeibehörde leicht zu umständlich werden könne, daß vielmehr hierfür schon die Erlaubniß der Ortspolizeibehörde genügen müsse. Was das Fällen von Bäumen betreffe, so lasse sich wohl zwischen Bäumen im Walde und Bäumen außerhalb Waldes unterscheiden. Für erstere könne man gleichfalls mit der leichteren Form einer Erlaubniß der Ortspolizeibehörde sich begnügen, während für letztere, sowie wider das Zerstören von Baulichkeiten, jedenfalls ein strengerer Schutz geboten erscheine, welcher nach Analogie der §§ 3 und 4 nur in der Erlaubniß der Bezirksregierung gefunden werden könne.

Von anderer Seite wurde der Unterscheidung zwischen Bäumen im Walde und außerhalb Waldes entgegengetreten mit dem Bemerken, daß unter Umständen auch in dem Fällen von Waldbäumen eine er-

eidigten Taxator zu dem Zwecke zur Seite zu stellen, um vorkommende Beschädigungen sogleich festzustellen und abzuschätzen. Der abgeschätzte Schaden ist, vorbehaltlich dessen anderweiter Feststellung im Rechtswege, den Betheiligten (Eigenthümer, Nutznießer, Pächter, Verwalter) sofort auszuzahlen, widrigenfalls der Ortsvorstand auf den Antrag des Betheiligten die Fortsetzung der Vorarbeiten zu hindern verpflichtet ist[14]).

Zum Betreten von Gebäuden und eingefriedigten Hof- oder Gartenräumen bedarf der Unternehmer, insoweit dazu der Grundbesitzer seine Einwilligung nicht ausdrücklich ertheilt, in jedem einzelnen Falle einer besonderen Erlaubniß der Ortspolizeibehörde, welche die Besitzer zu benachrichtigen und zur Offenstellung der Räume zu veranlassen hat.

Eine Zerstörung von Baulichkeiten jeder Art, sowie ein

---

hebliche Gefährdung für den Wald liege, und wurde demgemäß für das Fällen von Bäumen überhaupt der strengere Schutz in Anspruch genommen.

Mit dieser Modification wurden die oben bezeichneten Anträge zu Absatz 3 zum Beschluß erhoben; und stellte sich hiernach der gesammte Paragraph mit noch einigen mehr redactionellen Aenderungen so, wie die Zusammenstellung ergiebt, heraus.

Im Anschluß an § 5 kam auch die Frage zur Erörterung, in welcher Weise die Betheiligten wegen Einhaltung der durch die §§ 2 bis 5 für die Ausübung des Enteignungsrechtes gezogenen Schranken Rechtsschutz zu finden haben. Man war allseitig darin einverstanden, daß gegen mißbräuchliche Ueberschreitung der dem Unternehmer eingeräumten Befugnisse in erster Linie polizeilicher Schutz angerufen werden könne. Ein weiterer Versuch, zugleich die Schranken zu bestimmen, innerhalb welcher der principiell gleichfalls allseitig nicht für ausgeschlossen erachtete Rechtsweg zulässig sei, ergab bei der Besprechung solche Schwierigkeiten, daß ein hierauf zielender Antrag zurückgezogen wurde.

[14]) Der Schluß des al. 2 ist erst bei der Plenarberathung auf Antrag des Abg. Schlüter hinzugefügt.

Fällen von Bäumen ist nur mit besonderer Gestattung der Bezirksregierung zulässig [14a]).

§ 6.

Dasjenige, was dieses Gesetz über die Entziehung und Beschränkung des Grundeigenthums bestimmt, gilt auch von der Entziehung und Beschränkung der Rechte am Grundeigenthum [15]).

Titel II.

Von der Entschädigung [16]).

§ 7.

Die Pflicht der Entschädigung liegt dem Unternehmer ob [17]).

[14a]) Im Geltungsbereich der Kreis-O. tritt an die Stelle der Bezirksregierung der Präsident der letzteren. Vergl. unten § 56 al. a.

[15]) Auch Rechte können ein Gegenstand der Enteignung sein, aber immer nur insoweit sie an einer zu enteignenden Sache haften und dem öffentlichen Gebrauchszwecke im Wege stehen z. B. Grundgerechtigkeiten, Reallasten u. s. w. Vergl. Grünhut a. a. O. S. 77. Obligatorische Rechte sind kein Gegenstand der Expropriation. Meyer a. a. O. S. 2. Uebrigens können auch jura in re im Wege der Expropriation erst constituirt werden.

[16]) Die Pflicht zur Entschädigung ergiebt sich aus dem Principe der Enteignung ganz von selbst. Vergl. oben § 1 der Einl. Der Staat darf wohl, wie Grünhut a. a. O. S. 97 treffend bemerkt, wenn es die Erfüllung seiner Aufgaben erfordert, das Eigenthum an einer speciellen Sache aufheben, aber er darf nicht das Vermögen des Individuums als eine Summe von Werthen vernichten. Deshalb ist der Staat zur Gewährung eines Aequivalentes an Werthen verpflichtet, um die dem Enteigneten entzogene Summe von Werthen wieder herzustellen.

Principiell ist daher auch der Staat als das Subject des Enteignungsrechtes zugleich der zur Entschädigung Verpflichtete.

[17]) Der § 7 hat die Entschädigungspflicht dem Unternehmer übertragen. Ursprünglich lautete die Bestimmung dahin, daß derjenige zur Entschädigung verpflichtet sei, zu dessen Gunsten das Eigenthum ent-

Die Entschädigung wird in Geld gewährt[18]). Ist in Specialgesetzen eine Entschädigung in Grund und Boden vorgeschrieben, so behält es dabei sein Bewenden[19]).

§ 8.

Die Entschädigung[20]) für die Abtretung des Grund-

---

zogen, oder beschränkt werde, da diese Fassung aber nicht geeignet schien Mißverständnisse über die Person des Verpflichteten auszuschließen, so wählte die Commission des A. H. die gegenwärtige Fassung.

Dabei war man darüber einverstanden, daß durch das gegenwärtige Gesetz der Frage, wie weit im concreten Falle eine Commune auf polizeiliches Erfordern zur Vornahme einer Expropriation verpflichtet sei, nicht präjudicirt werde.

[18]) Es ist ganz correct, daß die Entschädigung in Geld, als dem allgemeinen Werthmesser, gezahlt wird und daß die auf Gewährung von Naturalentschädigung abzielenden Anträge keine Zustimmung gefunden haben. Wenn Thiel a. a. O. S. 35 für die Landentschädigung geltend macht, daß die Entschädigung nicht blos gleichwerthig, sondern nach Möglichkeit auch gleichartig sein müsse, so mag dies theoretisch ganz richtig sein, im practischen Leben aber würden die Naturalentschädigungen die ohnehin oft schwierige Feststellung der Entschädigung in den meisten Fällen noch bedeutend schwieriger machen. Gegen dieselben siehe auch Meyer a. a. O. S. 299 u. Grünhut a. a. O. S. 121.

[19]) Wenn gleichwohl das Preuß. Gesetz die Entschädigung in Grund und Boden da beibehalten hat, wo solche durch Specialgesetze vorgeschrieben ist, wie z. B. in § 15 des Chausseebaureglements für die Mark vom 21. Juni 1796, so ist dies, wie die Motive bemerken, geschehen, weil sich diese Bestimmungen als zweckmäßig bewährt haben.

Uebrigens kommen diese Specialgesetze nur selten zur Anwendung und ihr Geltungsgebiet ist auch nur ein geringes.

Vergl. auch hierzu noch § 271, I, 9 und § 20, II, 15 Allgem. Landrechts.

[20]) In der früheren Regierungsvorlage hatte der § 8 (damals § 7) folgende Fassung:

„Die Entschädigung (§ 1) für die Abtretung des Grundeigenthums umfaßt:

1. den gemeinen Werth des abzutretenden Gegenstandes und der entwährten Pertinenzien und Früchte;

eigenthums besteht in dem vollen Werthe[21]) des abzutreten-

---

2. den Mehrwerth, welchen der abzutretende Gegenstand durch seinen Zusammenhang mit anderen Eigenthumstheilen oder durch seine bisherige Benutzungsart für den Eigenthümer hat;
3. den Minderwerth, welcher durch die Abtretung für den übrigen Grundbesitz des Eigenthümers entsteht;
4. den Betrag des Schadens, welchen die Nutzungs-, Gebrauchs- und Servitutberechtigten, Pächter und Miether durch die Entziehung erleiden.

Eine Werthserhöhung, welche das abzutretende Grundstück erst in Folge der neuen Anlage erhalten wird, kommt bei der Bemessung der Entschädigung nicht in Anschlag."

Bei der Berathung dieser Bestimmungen über den Umfang der Entschädigung wurde von der damaligen Commission als leitender Grundsatz angenommen, daß die Entschädigung vollständigen Ersatz für alle Nachtheile gewähren soll, die dem Expropriaten durch Entziehung oder Beschränkung des Eigenthums an seinem Vermögen zugefügt werden, und daß solche Entschädigung in gleichem Maße dem Grundeigenthümer, wie allen neben ihm an dem Grundstücke Berechtigten werden muß. Aus Zweckmäßigkeitsgründen beschloß man im vorliegenden Paragraphen zunächst das Eigenthum als Gesammtheit in's Auge zu fassen, die Behandlung der Nebenberechtigten an einer späteren Stelle vorzunehmen. In welcher Weise der angenommene Grundsatz nun zur practischen Anwendung klar gelegt werden sollte, darüber gingen die Meinungen nach drei verschiedenen Richtungen auseinander.

a) Die Regierungsvorlage, welche Anhänger fand, versuchte dies mittelst der Begriffsbestimmungen des Allgem. Landrechts über gemeinen und außerordentlichen Werth und erläuterte die Criterien für den außerordentlichen Werth eines Grundstückes dahin, daß als solches der Mehrwerth zu erachten sei, welchen der abzutretende Gegenstand durch seinen Zusammenhang mit anderen Eigenthumstheilen oder auch durch seine bisherige Benutzungsart für den Eigenthümer hatte. Auf Grund dessen gelangte sie zu den oben in den Nr. 1—3 aufgestellten Momenten als Normen für die Ermittelung der Werthsdifferenz.

b) Eine zweite Meinung ging dahin, lediglich den Ausdruck „vollen Werth" für den Inbegriff der Entschädigung zu gebrauchen.

den Grundstücks, einschließlich der enteigneten Zubehörungen und Früchte.

Dieselbe beruhte auf der Auffassung, daß es nur einen, nämlich den objectiven Werth, gebe.

c) Eine dritte Ansicht ging noch weiter, indem sie neben dem vollen Grundstückswerthe noch „alles Interesse" zur Geltung gebracht wissen wollte. Als Beispiel wurde angeführt, daß ein Eigenthümer die Materialien zum Bau eines Hauses bereits angeschafft habe, und daß er demnächst durch die Enteignung an dem Bau gehindert werde. Es wurde deshalb der Antrag gestellt, al. 1 des § 8 dahin zu fassen:

„dem von der Enteignung Betroffenen ist sein volles zur Zeit der Abtretung bestehendes Interesse zu ersetzen."

Bei der Plenarberathung in der Session des A. H. 1873/74 wurde sodann noch beantragt, dem § 8 folgende Fassung zu geben:

„Die Entschädigung für die Abtretung des Eigenthümers besteht:

1. in dem Betrage der unmittelbaren durch den Werth des enteigneten Grundstückes einschließlich der enteigneten Zubehörungen und Früchte dargestellten Vermögensverminderung;
2. in dem Ersatze des mittelbaren Schadens, welcher dem Eigenthümer aus der Enteignung erwächst."

Der Antragsteller (Abg. Knebel) betonte dabei vorzüglich den zweiten Theil seines Antrages, weil seiner Meinung nach der größte Schaden des Expropriirten sehr oft der mittelbare sei, wie z. B. der Verlust der alten Kundschaft für einen Geschäftsmann.

Der Vertreter der Staatsregierung erklärte indeß bestimmt, daß wenn an Stelle des Werthes der Sache eine Interessenforderung träte, wie dieses in den Worten „Vermögensverminderung" und „mittelbarer Schaden" ausgedrückt sei, das Gesetz nicht annehmbar erscheine. Auch von anderer Seite wurde geltend gemacht, daß mit der Annahme des Knebel'schen Antrages das Expropriationsverfahren zum reinen Hazardspiel werden würde und wurde derselbe demnächst auch abgelehnt.

[21]) Wenn nunmehr das Gesetz bestimmt, daß dem Expropriirten „der volle Werth" des abzutretenden Grundstückes ersetzt werden soll, so ist nicht zu verkennen, daß, wie dies auch bei den Berathungen im A. H. und im H. H. bereits geltend gemacht worden ist, auch dieser Ausdruck an großer Unklarheit und Unbestimmtheit leidet. Insbesondere hat derselbe z. B. in der Commission des H. H. eine ganz verschiedene

Wird nur ein Theil des Grundbesitzes desselben Eigen=

Auslegung erfahren. Von einer Seite wurde nämlich bemerkt, daß unter vollem Werthe keineswegs nur der objective Werth und also der Werth der Sache an sich ohne Rücksicht auf die Verhältnisse des Besitzers begriffen werden dürfe, daß vielmehr, wenn die Enteignung nicht zur Verkürzung des Expropriirten führen solle, unter vollem Werth derjenige Werth verstanden werden müsse, welchen die Sache für den Besitzer habe, von anderer Seite wurde aber eine ganz entgegengesetzte Auslegung für die richtige gehalten.

Für die Bestimmung des Begriffes „voller Werth" ergiebt sich hiernach aus den Landtagsverhandlungen mit Sicherheit nur soviel, daß bei dem Ersatze desselben weder das volle Interesse — § 286, I, 5 A. L. R. — noch auch der blos mittelbare Schaden — § 3, I, 6 A. L. R. — zu vergüten und daß also selbstverständlich auch ein entgangener Gewinn nicht zu berücksichtigen ist.

Im Uebrigen wird zur näheren Feststellung des Begriffes auf die Rechtswissenschaft zurückzugreifen sein.

Als Princip für die Höhe der Entschädigung muß gelten, daß die letztere so bemessen wird, daß der Expropriat in die Lage kommt, sich mit Hülfe der Entschädigungssumme dieselben Rechte und Vortheile zu verschaffen, welche ihm durch die Enteignung entzogen sind, oder wie Treichler a. a. O. S. 153 sagt: „Die Differenz zwischen dem Zustande des Vermögens vor und nach der Abtretung giebt den Maßstab für die Höhe der Entschädigung."

Der Expropriat soll mit einem Worte durch die Enteignung nicht schlechter gestellt werden, als er vorher gestanden hat. Ist nun mit diesem allgemeinen Princip auch noch wenig gewonnen und erscheint es deshalb erforderlich, die einzelnen Elemente der Entschädigung noch näher ins Auge zu fassen, so ergiebt sich aus demselben doch zunächst wohl so viel, daß bei der Ermittelung der Entschädigungssumme das abgetretene Vermögensobject durchaus nicht blos für sich allein in Betracht kommen darf, sondern daß dasselbe stets in seiner Verbindung mit dem übrigen Vermögen des zu Expropriirenden aufgefaßt werden muß, und daß es also nicht sowohl auf eine bloße Ermittelung des Werthes des abgetretenen Objects, als vielmehr auf eine Schätzung derjenigen Nachtheile, ankommt, welche dem Eigenthümer überhaupt aus der Abtretung erwachsen. — Häberlin a. a. O. S. 184. —

Zu den Elementen dieser Entschädigung dürfte aber gehören:

thümers in Anspruch genommen[22]), so umfaßt die Entschä-

---

a) Unbedenklich der Ersatz des gemeinen oder Kaufwerthes d. h. desjenigen Werthes, den die Sache unter allen Umständen und nach der allgemeinen Schätzung für Jedermann hat. Dabei kommt Alles in Betracht, was mit dem Grundstücke dauernd verknüpft ist, insbesondere, wie auch im § 8 ausdrücklich hervorgehoben, alle Pertinenzien und Früchte.

b) Auch das ist wohl anzuerkennen, daß ein bloßer Annehmlichkeitswerth in Betracht zu ziehen ist, wenn die Annehmlichkeit so beschaffen ist, daß sie allgemein geschätzt wird und auf den Preis Einfluß hat. Grünhut a. a. O. S. 101. Auch Häberlin a. a. O. S. 186 behauptet, daß auf diesen Werth Rücksicht genommen werden müsse, weil der Expropriat durch den Verlust der Benutzung solcher Anlagen, wie Wasserkünste, Parkanlagen, Fasanerieen u. dergl. einen wirklichen Schaden erleide.

Daß auf den Annehmlichkeitswerth Rücksicht genommen werden soll, ist auch durch die sächsische Verordn. vom 3. Juli 1835 und die Expropriationsges. der Thüring. Staaten ausdrücklich angeordnet.

Auch das Allgem. Landrecht (§ 113, I, 2) trennt den Annehmlichkeitswerth nicht von dem gemeinen Werthe.

c) Von diesem Annehmlichkeitswerthe ist aber wohl zu unterscheiden der sog. Werth der besonderen Vorliebe, oder Affectionswerth. Dieser letztere ist niemals zu ersetzen, — vergl. Meyer a. a. O. S. 281, Treichler S. 154, Grünhut a. a. O. S. 101, Häberlin S. 185, — denn derselbe ist überhaupt nur ein eingebildeter Werth, den die Sache für den Eigenthümer hat, aber kein wirklicher, nach Gelde zu schätzender, und darum erleide, der Eigenthümer auch durch die Entziehung desselben keinen wirklichen Schaden.

d) Ueber die Frage, ob und in wie weit auch der entgangene Gewinn zu ersetzen sei, haben sich Häberlin a. a. O. S. 186 und Meyer a. a. O. S. 272 mit der Einschränkung bejahend ausgesprochen, daß derselbe soweit, als er mit Bestimmtheit zu erwarten sei, auch ersetzt werden müsse, während Thiel a. a. O. S. 23 den entgangenen Gewinn in der Bedeutung des Allgem. Landrechts — § 56 Tit. 6, Th. I. — ersetzt wissen will.

digung zugleich den Mehrwerth, welchen der abzutretende

Nach dem neuen Preuß. Gesetze wird indeß der entgangene Gewinn, wie schon oben angedeutet worden, bei der Feststellung der Entschädigung nicht in Betracht gezogen werden dürfen. Es ergiebt sich dies insbesondere daraus, daß es nicht einmal in der Absicht des Gesetzgebers gelegen hat, den mittelbaren Schaden zu ersetzen. Denn bei der Plenarberathung im A. H. hat der Handelsminister in Folge des oben erwähnten Knebel'schen Antrages ausdrücklich auf das Reichsrayongesetz vom 21. December 1871 hingewiesen, in dessen § 35 auch nur ein Ersatz des Werthes vorgeschrieben sei und sodann wörtlich bemerkt, daß durch das Knebel'sche Amendement, welches an die Stelle des Sachwerthes die Vermögensverminderung setze, die vergütet werden solle, und welches von einem mittelbaren Schaden spreche, die Sache dahin verschoben werde, daß statt der Bezahlung des Preises der Sache eine Entschädigung gegeben werden solle für das damnum emergens und lucrum cessans, dies aber sei durchaus unzulässig.

e) Wird hiernach auch behauptet werden müssen, daß der im § 8 gebrauchte Ausdruck „voller Werth" durchaus nicht gleichbedeutend ist mit dem Ausdrucke vollständige Genugthuung im Sinne des § 7, Tit. 6, Th. I A. L. R., indem man den Ersatz des entgangenen Gewinnes von der dem Expropriaten zu gewährenden Entschädigung auszuschließen beabsichtigt hat, so darf doch gleichzeitig nicht außer Acht gelassen werden, daß gleichwohl und zwar theils mit Rücksicht auf die ganze Tendenz des Gesetzes, theils in Anbetracht einzelner ausdrücklicher Bestimmungen desselben, der Begriff „voller Werth" so ausdehnend wird erklärt werden müssen, daß mit der Gewährung desselben in gewissem Umfange doch auch ein Ersatz des mittelbaren Schadens und sogar des entzogenen Gewinnes geleistet werden wird.

Das frühere Recht — § 9, Tit. 11, Th I A. L. R. — gewährte dem Expropriaten bekanntlich auch den Ersatz des außerordentlichen Werthes, d. h. desjenigen Nutzens, welchen eine Sache nur unter gewissen Bestimmungen oder Verhältnissen leisten kann und die Motive zum Entwurf des Expropr.-Gesetzes erklären ausdrücklich, daß es in der Absicht des Gesetzes liege, dem Expropriaten nach wie vor den Ersatz des außerordent-

Theil durch seinen örtlichen oder wirthschaftlichen Zusammen-

---

lichen Werthes zu sichern. Erwägt man nun weiter, daß in beiden Häusern des Landtages die Tendenz obgewaltet hat, die Entschädigungspflicht des Unternehmers den Bestimmungen des früheren Rechts gegenüber möglichst zu erweitern, und daß der Bericht der VIII. Comm. des A. H. Session 1873/74 sich über den Ausdruck „voller Werth" dahin ausspricht: „derselbe bezeichne, daß innerhalb der natürlichen Schwankungen, welche der an und für sich als einheitlicher Begriff aufzufassende Werth bei Grundstücken aufzuweisen pflege, der dem Enteigneten als Entschädigung zu leistende Werth voll und reichlich bemessen werden solle; denn es sei ein Gebot der Gerechtigkeit, daß derjenige, in dessen wohlerworbene Rechte der Staat ausnahmsweise eingreife, keinesfalls Schaden erleide,"

so greift man gewiß nicht fehl, wenn man behauptet, daß dasjenige, was nach den unter der Herrschaft des früheren Rechts ergangenen Aussprüchen des höchsten Gerichtshofes als innerhalb der Grenzen des außerordentlichen Werthes liegend dem Expropriaten hat gewährt werden müssen, immerhin als ein Minimalbetrag derjenigen Entschädigung angesehen werden kann, welche dem Enteigneten nach dem jetzigen Rechte gebührt.

In dieser Beziehung sind folgende Entscheidungen bemerkenswerth:

a) Eine Entschädigung in Betreff des außerordentlichen Werthes ist auch zu gewähren:
   1. wegen der statt des bisherigen Weges über die expropriirten Grundstücke entstandenen Umwege;
   2. wegen der durch die Expropriation herbeigeführten Erschwerung der Beaufsichtigung anderer Grundstücke;
   3. wegen der durch die Expropriation nöthig gewordenen Haltung eines besonderen Hirten;
   4. wegen der zur Bewältigung der durch die Eisenbahn herbeigeführten Steigerung bei der angelegten Ueberfahrt über die Bahn erforderlichen größeren Pferdekraft;
   5. wegen Verwendung von Grund und Boden zu einem neuen Wege.

   Erk. des III Sen. vom 31. Januar 1859. Str. Arch. 32 S. 181.

b) Zu dem außerordentlichen Werthe gehört bei theilweiser Expro-

hang mit dem Ganzen hat, sowie den Minderwerth, welcher für den übrigen Grundbesitz durch die Abtretung entsteht.

priation auch der Betrag derjenigen Kosten, welche durch Anlage von Wegen, Schlagbäumen und Einfriedigungen entstehen, die der Eigenthümer nach wirthschaftlichen Grundsätzen herstellen muß, um sich die Benutzung der ihm verbliebenen Theile zu sichern. — Erk. des O. Tr. III vom 28. November 1854 Str. Arch. 35 S. 284.

c) Bei der Feststellung des außerordentlichen Werthes der expropriirten Sache kommt es auf den Werth an, welchen dieselbe zur Zeit der Expropriation gehabt hat, nicht auf den Werth, den sie in Folge einer möglichen künftigen Benutzungsweise würde haben gewinnen können. Erk. des O. Tr. III vom 1. Juli 1870 — Str. Arch. 80 S. 25. — Es handelte sich um eine in der Nähe von Berlin belegene und in Folge der Anlegung der Ostbahn expropriirte Parcelle. Die Taxatoren hatten angenommen, daß diese Parcelle sich voraussichtlich später zum Bebauen geeignet haben würde und hatten dieselbe also als einen Bauplatz angesehen, der später bestimmte Miethserträge abgeworfen haben würde. Das O. Tr. reprobirte diese Aufstellung der Sachverständigen und führte aus, daß der Werth der Parcelle nur nach den gegenwärtig bestehenden Verhältnissen habe gewürdigt werden dürfen.

Das Ober-App. Gericht zu Lübeck ist unter dem 23. Mai 1850 in einer ganz gleich liegenden Sache indeß von einem ganz entgegengesetzten Standpunkt ausgegangen, indem es die Würdigung mehrerer bisher nur zum Gemüsebau benutzten Grundstücke als Bauplätze für zulässig erklärt hat. Damit aber ist der Grundsatz, daß unter Umständen auch der entgangene Gewinn zu ersetzen sei, anerkannt.

Vergl. über dies Erk. Häberlin a. a. O. S. 187 und Meyer a. a. O. S. 274.

d) Später ist nun auch das O. Tr. weiter gegangen, denn es hat folgenden Rechtsgrundsatz aufgestellt:

Bei der Ermittelung des außerordentlichen Werthes bei Expropriationen müssen allerdings, insoweit für die zu erwartenden Neugestaltungen bereits gegenwärtig feste Basen dergestalt gewonnen sind, daß die in Aussicht genommene Entwickelung mit Sicherheit zur Zeit bereits wohl begründet erscheint, insoweit es

§ 9.

Wird nur ein Theil von einem Grundstück in Anspruch

sich also nicht um reine Hoffnungen, sondern um bereits gesicherte Erwartungen handelt, dergleichen Umstände mit in Anschlag gebracht werden. — Erk. III vom 5. April 1872 — Str. Arch. 86 S. 75.

Die Gründe dieses Erk. ergeben, daß der Fall dem unter c) erwähnten ziemlich gleich lag. Hier wie dort handelte es sich um Ackerflächen, von denen die Sachverständigen erklärt hatten, daß sich dieselben als Bauplätze und namentlich zur Anlage eines Fabriketablissements besonders qualificirten. Die beiden Entscheidungen sind deßhalb schwer mit einander zu vereinigen.

Der in der letzteren ausgesprochene Rechtsgrundsatz aber ist entschieden auch heute noch als richtig anzuerkennen, wiewohl gewiß nicht zu leugnen ist, daß in demselben die Pflicht zum Ersatze des mittelbaren Schadens und resp. entgangenen Gewinnes ausgesprochen worden ist.

e) Weniger Beifall dagegen verdient und mit dem in der letztgedachten Entscheidung ausgesprochenen Grundsatze gleichfalls unvereinbar erscheint ein Erk. vom 18. März 1872 — Str. Arch. 85 S. 55 — in welchem ausgeführt worden: „daß der Umstand, daß sich unter dem expropriirten Grundstücke ein Lehmlager befinde, bei Berechnung des außerordentlichen Werthes nicht ohne Weiteres zu berücksichtigen sei." Die Existenz des Lehmlagers natürlich vorausgesetzt, so ist es gewiß keine willkürliche und eine jeder reellen Grundlage entbehrende Berechnung des Expropriaten, wie das O. Tr. annimmt, wenn er behauptet, daß das Lehmlager zur Fabrication von Ziegeln geeignet sei und verwendet werden könne. Denn ein solches Lehmlager ist unzweifelhaft eine den reellen Werth des Grundstückes bedingende, dem letzteren innewohnende Eigenschaft und die Berücksichtigung desselben bei der Abschätzung erscheint deshalb ganz unerläßlich. Gegen die Ansicht des O. Tr. vergl. auch besonders Grünhut a. a. O. S. 107 u. Häberlin, S. 187.

f) Bei der Ermittelung des Werthes eines expropriirten Sandgrubenlandes muß die Dauer der Ausbeutungsperiode mit berücksichtigt werden. Erk. vom 16. October 1871. Entschd. Bd. 66 S. 27.

genommen, so kann der Eigenthümer verlangen, daß der

---

g) Handelt es sich um die Entschädigung des Besitzers eines Kohlenbergwerkes, so ist die Quantität der vorhandenen Kohle des ganzen Grubenfeldes, die Dauer der zur Ausbeutung dieses ganzen Vorraths erforderlichen Zeit und das Verhältniß des Werths der durch die Eisenbahn dem Bergbau entzogenen Terrains zu dem Werthe des ganzen Bergwerks in Betracht zu ziehen. Erk. vom 18. Mai 1863. Str. Arch. 46 S. 79.

h) Der Eigenthümer eines expropriirten Grundstückes, mit welchem eine gewerbliche Anlage substantiell verbunden ist, kann beanspruchen, daß die ihm gebührende Entschädigung nach dem Reinertrage dieser Anlage bemessen wird. Erk. vom 4. November 1872. Entschd. Bd. 68 S. 132.

[22]) Soll die Entschädigung, welche dem Expropriaten gewährt wird, eine vollständige sein, so darf sie, wie schon oben angedeutet, nicht blos den Werth der enteigneten Sache ersetzen, sondern sie muß gleichzeitig auch den Ersatz für diejenigen Nachtheile enthalten, welche dem Enteigneten sonst durch die Expropriation unmittelbar zugefügt werden.

Zu diesen Nachtheilen gehören ganz besonders diejenigen, welche der Expropriat durch eine Zerstückelung seines Grundstückes erleidet und deßhalb hat das Gesetz für diesen Fall nach zwei verschiedenen Richtungen hin die Entschädigungspflicht verschärft.

a) Einerseits soll nämlich der Mehrwerth in Anschlag gebracht werden, welchen der abzutretende Theil durch seinen örtlichen oder wirthschaftlichen Zusammenhang mit dem Ganzen hat. Wenn z. B. einem Gute, das in der Nähe einer großen Stadt liegt und hauptsächlich Milchwirthschaft betreibt, ein Theil seines Wiesencomplexes resp. der letztere ganz expropriirt wird, so soll bei der Abschätzung des Werthes der Wiesen, der Umstand in Betracht gezogen werden, daß sie die ganze Basis der Wirthschaft bilden und es soll also derjenige Werth berücksichtigt werden, den sie unter den gegebenen Verhältnissen für den Besitzer des Gutes haben, nicht blos der, den sie an sich haben.

Der Passus „wirthschaftlicher Zusammenhang“ ist eine auf Antrag des Abg. Knebel erst in dritter Berathung erfolgte Einschaltung des Abgeordnetenhauses. Es wäre z. B. möglich, daß, um bei dem oben erwähnten Beispiele stehen zu bleiben, die expropriirten Wiesen von dem Hauptgute meilenweit entfernt

Unternehmer das Ganze gegen Entschädigung übernimmt, wenn das Grundstück durch die Abtretung so zerstückelt

---

lägen und daß also ein örtlicher Zusammenhang zwischen denselben und dem Hauptgute nicht vorhanden wäre. Nichtsdestoweniger aber würde für den Expropriaten der Verlust der Wiesen dieselbe Bedeutung haben, als wenn dieselben mit dem Hauptgute örtlich verbunden wären.

Durch diese Einschaltung, die übrigens außer von dem Referenten der Commission auch von dem Vertreter der Regierung lebhaft bekämpft wurde, ist das Gesetz deßhalb unzweifelhaft verbessert worden.

b) Andererseits soll bei der Berechnung des vollen Werthes im Falle der Zerstückelung auch derjenige Minderwerth in Betracht gezogen werden, welcher für den übrigen Grundbesitz aus der Abtretung entsteht. Es soll also nicht blos diejenige Werthsverminderung ersetzt werden, welche durch einfache Subtraction des Werths des abgetretenen Stückes von dem Werthe des Ganzen entsteht, sondern es soll der ganze nachtheilige Einfluß berücksichtigt werden, welcher auf den dem Expropriaten verbleibenden Rest durch die Zerstückelung ausgeübt wird, und der sich ja selbst dahin steigern kann, daß dieser Rest fast werthlos erscheint. Hierher gehören insbesondere Umstände, welche die Bewirthschaftung schwieriger, oder neue Anlagen nothwendig machen, Abschneidung von Communicationen u. dergl.

Im Uebrigen findet der hier in Rede stehende Minderwerth in den Bestimmungen der §§ 9 u. 10 des Ges. seine weitere Erklärung und Begrenzung.

Nach der früheren Praxis wurde derselbe übrigens auch schon berücksichtigt, denn das O. Tr. III hat am 25. October 1872 — Str. Arch. 86 S. 295 — erkannt:

> Es gehört zum außerordentlichen Werthe eines aus einem größeren Complexe herausgeschnittenen und demnächst zu Eisenbahnbetriebszwecken verwendeten Landstückes, daß es bisher eine leichtere Bewirthschaftung des Ganzen, zu welchem es gehörte, ermöglichte, und daß demnächst durch das auf dem enteigneten Lande entstehende Hinderniß der ganze Complex in dieser Beziehung leidet.

werden würde, daß das Restgrundstück nach seiner bisherigen Bestimmung nicht mehr zweckmäßig benutzt werden kann[23]).

Trifft die geminderte Benutzbarkeit nur bestimmte Theile des Restgrundstücks, so beschränkt sich die Pflicht zur Mitübernahme auf diese Theile.

Bei Gebäuden, welche theilweise in Anspruch genommen

Der Fall war der, daß eine Eisenbahn nahe vor der Thür eines Gasthauses vorbeiführte und zwar auf einem Landstreifen, welcher dem Besitzer des Gasthauses expropriirt war. Der letztere forderte nun Entschädigung dafür, daß wegen der Nähe der Bahn u. hauptsächlich wegen des Geräusches der Verkehr im Gasthofe sich vermindert habe und dafür, daß die An- und Abfahrt erschwert sei. Das O. Tr. hat, und zwar mit vollem Rechte, diese Ansprüche an sich für begründet erklärt.

[23]) Principiell kann der Expropriat nicht gezwungen werden, mehr abzutreten, als das öffentliche Interesse erheischt. In einem Falle aber wird gerade im Interesse des Expropriaten die Enteignung über das nothwendige Bedürfniß des Unternehmers hinaus ausgedehnt. Der Expropriat kann im Falle einer Zerstückelung seines Grundstückes verlangen, daß der Unternehmer das Ganze enteignet, wenn der übrig bleibende Theil für die Erfüllung der wirthschaftlichen Bestimmung, welcher er im Vermögen des Enteigneten bisher zu dienen hatte, ungeeignet wird. Vergl. Grünhut a. a. O. S. 151.

Dieser Grundsatz, welchen auch der § 139 des Preuß. Berggesetzes vom 24. Juni 1865 ausspricht, ist übereinstimmend von fast allen übrigen Gesetzgebungen anerkannt. Vergl. über die verschiedenen Particulargesetzgeb. Meyer a. a. O. S. 283 u. ff.

Mit Ausnahme des badischen Gesetzes von 1835 und des schweizerischen Gesetzes von 1850 ist diese Ausdehnung der Expropriation aber nur zu Gunsten des Eigenthümers statuirt, während jene ersten beiden Gesetze in dem Falle, daß die Entschädigung für die Werthverminderung mehr als ein Viertel des früheren Werthes des zurückbleibenden Theiles beträgt, auch dem Expropriaten das Recht einräumen, die Abtretung des Ganzen zu verlangen.

Die Feststellung der Grenze, bis zu welcher die Zerstückelung erfolgt sein muß, um den Expropriaten das Recht zu geben, nunmehr die Abtretung des Ganzen zu verlangen, ist eine sehr schwierige. In dem

werden, umfaßt diese Pflicht jedenfalls das ganze Gebäude[24]).

Bei den Vorschriften dieses Paragraphen ist unter der

neuen Preuß. Gesetze hat man deshalb auch von der Festsetzung einer bestimmten Quote des Flächenmaßes oder des Werthes überhaupt Abstand genommen und mit Recht, weil die wirthschaftliche Nutzbarkeit der übrig bleibenden Theile in den verschiedenen Provinzen des Preuß. Staates ja eine unendlich verschiedene ist. Es kommt also Alles auf das Gutachten der Sachverständigen darüber an, ob das Restgrundstück nach seiner bisherigen Bestimmung noch zweckmäßig benutzt werden kann, oder nicht. Das Recht auf die Uebernahme des Ganzen Seitens des Unternehmers steht ferner nur dem Eigenthümer, nicht aber dritten Interessenten (Hypothekargläubigern, Nutznießern, Miethern u.s.w.) zu. Diese letzteren können weder von dem Eigenthümer verlangen, daß er das Ganze abtrete, noch haben sie ein Widerspruchsrecht, wenn der Eigenthümer von seinem Rechte, das Restgrundstück zu behalten, Gebrauch machen will. Vergl. Grünhut a. a. O. S. 153.

Will der Expropriat das Restgrundstück nicht abtreten, so kann er von dem Unternehmer nicht die Herstellung kostspieliger Anlagen verlangen. Vergl. Erk. des O. Tr. vom 17. September 1866. Str. Arch. 63 S. 347.

[24]) Gebäude gelten als ein juristisch untheilbares Ganze. Grünhut a. a. O. S. 150 meint, daß die Enteignung des Ganzen nicht blos dann verlangt werden könne, wenn eine materielle Schädigung des Gebäudes selbst eingetreten sei, sondern auch schon dann, wenn es sich um die ganze oder theilweise Enteignung eines in der Nachbarschaft befindlichen Objects handle, welches als Nebensache den Zwecken der Hauptsache gedient habe, z. B. wenn eine Scheune, eine Remise, ein Stall u. s. w. enteignet werde. Al. 3 des § 9 spricht aber unzweifelhaft nur von der theilweisen Enteignung eines einzelnen Gebäudes. Handelt es sich dagegen um die Enteignung einzelner zu einem Gebäudecomplexe gehörigen Gebäude, so tritt die Enteignung des Ganzen nicht von Rechtswegen ein, sondern in diesem Falle kommt es auf das Gutachten der Sachverständigen an.

Uebrigens bemerkt der Comm.-Bericht des A. H. Session 1871/72, das Wort „jedenfalls“ in al. 3 solle ausdrücken, daß bei der Enteignung eines Gebäudetheils die Vorschrift dieses Paragraphen sich stets auf das ganze Gebäude beziehe, daß unter Umständen aber auch noch sonsti-

Bezeichnung Grundstück jeder im Zusammenhang stehende Grundbesitz des nämlichen Eigenthümers begriffen[24a]).

§ 10.

Die bisherige Benutzungsart kann bei der Abschätzung nur bis zu demjenigen Geldbetrage Berücksichtigung finden, welcher erforderlich ist, damit der Eigenthümer ein anderes Grundstück in derselben Weise und mit gleichem Ertrage benutzen kann[25]).

Eine Werthserhöhung, welche das abzutretende Grund-

---

ges Areal, das mit dem Gebäude in Verbindung stehe, darunter fallen könne.

[24a]) Die Erklärung, von dem ihm durch § 9 verliehenen Rechte Gebrauch machen zu wollen, ist aber an eine bestimmte Frist geknüpft. Vergl. § 25.

[25]) Der § 10 giebt einen anderweiten Anhaltspunkt für die Ermittelung des zu gewährenden vollen Werths eines abzutretenden Grundstückes, indem er bestimmt, in welchem Umfange dabei auf die bisherige Benutzungsart gerücksichtigt werden soll.

Von einer Seite her wurde nämlich verlangt, daß bei der Abschätzung unter allen Umständen derjenige Mehrwerth zu berücksichtigen sei, welcher durch die bisherige Benutzungsart bedingt werde und insbesondere hatte der Abg. Windthorst beantragt, al. 1 des § 10 ganz zu streichen, um dem Ermessen der Sachverständigen freien Spielraum zu gewähren. Der Vertreter der Staatsregierung trat jedoch mit folgender Ausführung für die Aufrechterhaltung dieser Bestimmung ein.

Die Berechtigung des Inhalts dieser Paragraphen liegt einfach in dem Satze, daß die Benutzungsart kein Factor für die Abschätzung selbst ist, sondern daß dieselbe nur als ein Beweismittel dafür dienen kann, welchen Werth das Grundstück in seiner concreten Lage hat. Die Benutzungsart ist an sich nicht ein Werth des Grundstücks, sondern diese Benutzungsart hat gleichzeitig die persönliche Thätigkeit des Eigenthümers oder Miethers zur Voraussetzung. Wenn gleichwohl nach dem Antrage gesagt werden soll, daß ohne Einschränkung der Mehrwerth zu berücksichtigen sei, welcher durch die bisherige Benutzungsart bedingt wird, so kommt man dahin, den Werth oder Vortheil, welchen die Be-

stück erst in Folge der neuen Anlage erhält, kommt bei der Bemessung der Entschädigung nicht in Anschlag[26]).

---

wohner eines Hauses durch ihre geschäftliche Thätigkeit erzielen, als einen, Grundstückswerth darzustellen und in diesem Umfange eine Entschädigung für die Entziehung des Grundeigenthums dem Eigenthümer zuzusprechen. Ich glaube nicht, daß dies mit der Gerechtigkeit besteht. Es können die Rücksichten auf die Benutzungsart nur in dem Maße zur Geltung kommen, wie es der Paragraph vorschlägt. Die Beispiele, welche die Unzuträglichkeit der absoluten Berücksichtigung des Benutzungswerthes darthun, lassen sich sehr leicht vermehren. Es ist der Fall vorgekommen, daß eine Verkaufsbude expropriirt wurde, und daß es ganz unzweifelhaft und klar war, die Bude konnte sofort auf einem Platze wieder aufgerichtet werden, der unmittelbar neben dem expropriirten Grundstück lag und dieselben günstigen Bedingungen für die Fortsetzung des Verkaufsgeschäfts bot. Sollte dennoch bei der Festsetzung des Werthes dieser Bude Rücksicht auf diese Geschäftserträgnisse, die der Eigenthümer gehabt hatte, genommen werden? In der Commission ist ein Beispiel aus der Stadt Kassel angeführt, wonach eine Seilerbahn expropriirt und den Seilern außer der Entschädigung für Grund und Boden der Profit zugesprochen ist, den sie aus ihrem Seilergeschäft gezogen haben. Summa: es muß Vorsorge getroffen werden, daß nicht die Erträgnisse des Geschäfts, welches auf einem Grundstück getrieben wird, als Werth des letzteren mit zur Entschädigung gelangen.

Die bisherige Benutzungsart ist also an sich kein bei der Werthsermittelung in Betracht kommender Factor, die Werthschätzung muß vielmehr zunächst erfolgen lediglich nach dem Werthe des Grundstückes; diesem letzteren aber muß dann ein Capital zugesetzt werden, welches zur Erneuerung und Fortsetzung des Betriebes auf einem anderen Grundstücke mit gleichem Erfolge erforderlich scheint. Comm.-Ber. des A. H. Session 1871/72.

Bei Bestimmung der Höhe dieses dem Werthe hinzusetzenden Capitales müssen auch alle Kosten (Uebertragungsgebühren, Kosten des Contracts, der Auflassung u. s. w.), welche der Expropriat aufwenden muß, um ein anderweites Grundstück zu beschaffen, mit in Anschlag gebracht werden. Vergl. Grünhut a. a. O. S. 106.

[26]) Al. 2 des § 10 spricht den richtigen Grundsatz aus, daß der Mehrwerth, den das expropriirte Grundstück durch das Unternehmen erst erlangt, bei der Abschätzung nicht in Betracht kommen darf und in Fest-

§ 11.

Der Betrag des Schadens[27]), welchen Nutzungs-, Ge-

---

haltung dieses Rechtssatzes stimmen auch alle Gesetzgebungen überein. Sehr bestritten unter den Schriftstellern und verschieden beantwortet von den verschiedenen Gesetzgebungen aber ist die Frage, ob nicht derjenige Mehrwerth berücksichtigt und bei Feststellung der zu leistenden Entschädigung in Abzug gebracht werden müsse, welcher für die übrige, dem Expropriaten verbleibende Besitzung, aus dem Unternehmen erwachse. Für Compensation dieses Mehrwerthes haben sich ausgesprochen die französischen Gesetze von 1833 und 1841, das Frankfurter Gesetz: vom 11. November 1856 und das Hamburger Expropriationsgesetz. Wenn Meyer a. a. O. S. 290 auch den Preuß. Entwurf von 1864 hierher rechnet, so irrt er. Der § 7 dieses Entwurfs spricht, wie al. 2 des § 10, nur von dem Mehrwerthe des abzutretenden Grundstücks und in den Motiven zu dem § 7 wird ganz ausdrücklich erörtert, daß der Grundsatz, daß der dem Restgrundstücke durch die Expropriation erwachsende Mehrwerth bei der Abschätzung berücksichtigt werden solle, als richtig nicht anzuerkennen sei. Vergl. Just. Min.-Bl. 1864 S. 361. Auf denselben Erwägungen wie jener Entwurf beruht auch die neueste preuß. Gesetzgebung. Die bezüglichen Anträge und Petitionen, welche darauf abzielten, dem Grundsatze, daß der durch die Expropriation für das Restgrundstück entstehende Mehrwerth bei Abmessung der Entschädigung solle in Gegenrechnung gestellt werden können, haben sämmtlich nicht die Zustimmung des Landtages gefunden.

Der schlagendste Grund gegen die Berücksichtigung dieses Mehrwerthes liegt unzweifelhaft darin, daß der Expropriat sonst diejenigen Vortheile bezahlen müßte, die alle übrigen benachbarten, aber nicht expropriirten Grundbesitzer umsonst haben, und daß unter Umständen bei Berücksichtigung dieser Vortheile der Expropriat vielleicht sogar gezwungen werden könnte, sein Grundstück ganz unentgeltlich herzugeben. Vergl. Motive zum Preuß. Entwurf von 1864 a. a. O. S. 361. — Auch Meyer a. a. O. S. 290, Häberlin a. a. O. S. 191 und Treichler a. a. O. S. 156 haben sich entschieden gegen die Compensation ausgesprochen, während Thiel a. a. O. S. 32 und insbesondere auch der neueste Schriftsteller auf diesem Gebiete, Grünhut (S. 124), entscheiden für die Berücksichtigung und Anrechnung dieses Mehrwerthes in die Schranken getreten sind.

brauchs=[28]) und Servitutberechtigte[29]), Pächter und Mie=

[27]) Neben dem Eigenthümer können als Entschädigungsberechtigte auch Nutzungs=, Gebrauchs= und Servitutberechtigte, sowie Pächter und Miether des Grundstückes concurriren, deren Verhältniß zum Unternehmer und resp. Eigenthümer in diesem § geregelt wird. Von den Hypothekengläubigern ist deßhalb nicht weiter die Rede, weil sie in Folge der Enteignung nur das Object ihrer Sicherheit wechseln. Vergl. unten Anm. 71 zu § 29.

Der Bericht der Comm. des Abg. H. Session 1871/72 äußert sich über die hier in Rede stehenden Rechtsverhältnisse folgendermaßen.

In der Commission machten sich zwei verschiedene Meinungen geltend:

1. Nach der einen wäre zu unterscheiden zwischen Servitut (Dienstbarkeit) und anderer Einschränkung. Bei ersterer, wurde gesagt, wird ein Theil des Eigenthums herausgenommen und auf das herrschende Grundstück übertragen. Hier kann es eintreten, daß der Verlust des Rechts einen weit höheren Schaden darstellt, als der Betrag, um den die Servitut das belastete Grundstück im Werthe vermindert. Ist dieses der Fall, so erscheint geboten, daß der Unternehmer dem Servituts=Berechtigten eine besondere Entschädigung zahlt, analog dem Falle, wo ein Restgrundstück durch die Enteignung im Werthe gemindert wird. Dagegen repräsentiren die übrigen Rechte nur ein Stück des Eigenthums, die Abfindungen für sie sind daher in dem Rahmen der für das Eigenthum in seiner Gesammtheit bestimmten Entschädigung zu suchen. Bei Bemessung des vollen Grundstückswerthes muß Alles mitberechnet werden, was diese Nutzungsberechtigten erhalten. Sie werden meist wohl durch einen Antheil der dem Eigenthümer gewährten Entschädigung oder durch Benutzung derselben insbesondere durch Bezug der Früchte, ihre Befriedigung finden; so ist der Werth eines Wohnungsrechts von der Entschädigung des Eigenthümers in Abzug zu bringen, unter Wiederanrechnung andererseits desjenigen, was der Berechtigte dafür zu leisten hat. Erwächst den Berechtigten ein besonderer Schaden, beispielsweise Aufwand für Beschaffung einer neuen Wohnung bei theurer gewordenen Miethspreisen, so wird auch dieser bei der Miethsermittlung mit berücksichtigt werden müssen. Immerhin aber liegt diese Entschädigung innerhalb des objectiven vollen

ther[30]) durch die Enteignung erleiden, ist, soweit derselbe

---

Werths des Grundstücks. Es ist die Grundlage der Entschädigung für Allen und Jeden außer dem obengedachten Falle der Servitutsberechtigung. Der Unternehmer erfüllt durch Erlegung dieses vollen Werthes seine Verpflichtung; die Vertheilung zwischen Eigenthümer und Nebenberechtigten ist Sache eines besonderen Verfahrens zwischen ihnen. Hieraus entsprang der Antrag, den Paragraphen so zu fassen:

„Haftet auf dem abzutretenden Grundstücke eine Dienstbarkeit, durch deren Entziehung das herrschende Grundstück eine Werthverminderung erleidet, so wird für diese Werthverminderung der Dienstbarkeitsberechtigte besonders entschädigt. Andere an dem abzutretenden Grundstück Berechtigte (Hypothekengläubiger, Reallast-, Nutzungs- oder Gebrauchsberechtigte, Pächter und Miether), erhalten die von ihnen zu beanspruchende Entschädigung aus dem Betrage der nach § 8 sich bestimmenden Entschädigungssumme."

2. Dem wurde von anderer Seite entgegnet: die Ansprüche der Nebenberechtigten würden meistentheils in der Entschädigung des Eigenthümers Deckung finden, immer aber nicht, namentlich seien für Pächter und Miether in Folge Aufhebens ihrer Contract-Verhältnisse Schäden denkbar, die neben der Entschädigung des Eigenthümers zur Anerkennung kommen müßten. Wenn der Staat im öffentlichen Interesse die Auflösung oder Schmälerung von Gebrauchs- und Nutzungsrechten herbeiführe, so erscheine er verpflichtet, auch für ein Verfahren zu sorgen, das jedem Beeinträchtigten, die ihm gebührende Entschädigung bestimmt zuweist, es widerspreche der Gerechtigkeit, statt dessen ein Pauschquantum zu gewähren, und nun dem in seinem Eigenthumsrechte ohnehin Geschädigten zu überlassen, sich um seinen Antheil daran mit andern vielleicht zanksüchtigen Mitinteressenten zu streiten.

Die Mehrheit der Commission trat dieser letzteren Ansicht bei und von demselben Gesichtspunkte ist später auch die VIII. Comm. des A. H. in der Session 1873/74 ausgegangen.

[28]) Neben dem Eigenthümer können als Expropriaten aber immer nur solche Berechtigte erscheinen, welche ein dingliches Recht an der expropriirten Sache haben; diejenigen dagegen, denen nur ein persönlicher Anspruch zusteht, haben einen etwaigen Entschädigungsanspruch stets le-

nicht in der nach § 8 für das enteignete Grundeigenthum dinglich gegen den Expropriaten allein geltend zu machen, denn diese treten dem Unternehmer nichts ab und treten zu demselben also auch in keinen rechtlichen Nexus. Meyer a. a. O. S. 300.

Nießbraucher und Gebrauchsberechtigte werden in der Regel ihre Entschädigung in der Benutzung der dem Eigenthümer gewährten Entschädigung finden. Statt der Früchte des Grundstückes bezieht der Nießbraucher also die Zinsen des Entschädigungscapitales. Hat er aber noch einen besonderen Schaden erlitten z. B. den Verlust von Ernten, hat er eine andere Wohnung beziehen müssen und dadurch Unkosten gehabt u. dergl., so müssen ihm diese besonders erstattet werden. Grünhut a. a. O. S. 132.

Tritt an die Stelle des Grundstückes ein Capital, so regeln sich die Rechte des Nießbrauches bezüglich der Unterbringung und Einziehung desselben, sowie seine Pflichten behufs Cautionsbestellung nach Inhalt der §§ 101 u. ff. Tit. 21, Th. I. A. L. R. Grünhut ist der Meinung, daß selbst der von der Caution ausdrücklich befreite Nießbraucher eines Grundstückes zur Cautionsleistung verpflichtet sei, wenn an Stelle des Grundstückes in Folge der Expropriation ein Capital trete, weil die Sicherheit, die dem Eigenthümer schon vorher die Natur des Objects gewährt habe, nun weggefallen sei. Nach Preuß. Recht wird dies nicht anzuerkennen sein, zumal der Nießbraucher zur Einziehung des Capitals oder zu einer sonstigen Verfügung über dasselbe überhaupt nicht berechtigt ist. Vergl. Erk. des O. Tr. vom 6. Mai 1861, Str. Arch. 42 S. 63. über die Regel pretium succedit in locum rei.

Ueber die Rechtsverhältnisse der Altentheilsberechtigten, die übrigens jetzt ohne Eintragung nicht mehr dinglich Berechtigte sind, vergl. Thiel a. a. O. S. 49.

[29]) Bezüglich des Entschädigunsanspruches der Servitutberechtigten äußern sich die Motive zur Regierungsvorlage dahin:

Servitutberechtigte erhalten einen Theil der für das ihrem Rechte unterworfene Grundstück ermittelten Entschädigung, deren Verhältniß zwischen dem Grundeigenthümer und Servitutsberechtigten bei dem ferneren Verfahren festzustellen ist. Ist aber der dem herrschenden Grundstücke durch Entziehung der Servitut entstandene Nachtheil größer, so kommt dem Eigenthümer des berechtigten Gutes eine von dem Unternehmer besonders zu zahlende Entschädigung zu. Das enteignete Grundstück muß nach § 45 dem Unternehmer frei von allen darauf haftenden Verpflichtungen, soweit er dieselben nicht übernommen hat, übertragen

bestimmten Entschädigung oder in der an derselben zu gewährenden Nutzung begriffen ist, besonders zu ersetzen.

---

werden. Die Grunddienstbarkeiten müssen deßhalb gegen Entschädigung enteignet werden, und diese Entschädigung ist mit besonderer Rücksicht auf den Werth, welchen die Servitut für das herrschende Grundstück hat, zu bemessen. Denn eine Servitut kann allerdings unter Umständen für den Berechtigten mehr Werth haben, als das ganze dienende Grundstück. Grünhut a. a. O. S. 133. Thiel a. a. O. S. 48.

[30]) Das Rechtsverhältniß der Pächter und Miether bietet die meisten Schwierigkeiten. Die Motive sprechen aus, daß die Auflösung der Pacht- und Miethsverträge als eine durch vis major herbeigeführte anzusehen sei, und daß deßhalb eine Entschädigungspflicht auf Seiten des Verpächters oder Vermiethers nicht angenommen werden könne. Dagegen müsse der Unternehmer als entschädigungspflichtig angesehen werden, und es komme also darauf an, ob der Pächter oder Miether durch die Enteignung einen Nachtheil erleide, den er bei contractsmäßiger Fortsetzung seines Pacht- oder Miethsverhältnisses nicht erlitten haben würde.

Grünhut a. a. O. S. 141 stellt sehr treffend den Grundsatz auf, daß der Miether und Pächter keinen Anspruch auf Entschädigung wegen solcher Umstände haben, die auch dem Eigenthümer, wenn er sich in der gleichen Lage befunden, ein Recht auf Entschädigung nicht gegeben haben würden.

Als Momente, welche eine besondere Entschädigung der Pächter und Miether zu begründen geeignet sind, dürften anzusehen sein z. B. für den Miether, wenn die Wohnung für die Ausübung seines Gewerbes eine besonders günstige Lage hatte, wenn er auf die innere Einrichtung für eigene Rechnung erhebliche Summen verwendet hatte, wenn er einen besonders niedrigen Miethszins zahlte oder wenn ihm der Miethsvertrag sonst noch besondere Vortheile gewährte, — vergl. Grünhut a. a. O. S. 140 u. ff. und Thiel a. a. O. S. 50. — Für den Pächter begründen so ziemlich dieselben Umstände einen besonderen Entschädigungsanspruch, für ihn wird aber insbesondere noch in Betracht zu ziehen sein, ob er etwa besondere Meliorationen an dem Pachtgrundstücke vorgenommen hat, von denen er erst in späteren Jahren eine Vermehrung der Erträge erwarten durfte. Wird nur ein Theil des verpachteten Grundstückes expropriirt, so kann der Pächter nicht blos den ihm aus dieser theilweisen Entziehung des Pachtobjects erwachsenden

§ 12.

Für Beschränkungen (§§ 2, 4) ist die Entschädigung nach denselben Grundsätzen zu bestimmen, wie für die Entziehung des Grundeigenthums[31]).

Tritt durch eine Beschränkung eine Benachtheiligung des Eigenthümers ein, welche bei Anordnung der Beschränkung sich nicht im Voraus abschätzen läßt, so kann der Eigenthümer die Bestellung einer angemessenen Caution, sowie

---

Schaden ersetzt verlangen, sondern es entsteht dadurch auch unter Umständen für ihn das Recht, von seinem Verpächter die Aufhebung des Vertrages zu verlangen. Ob Letzteres der Fall ist, darüber entscheiden die Vorschriften des Civilrechts. Vergl. Grünhut S. 144 und Thiel S. 52.

Das O. Tr. hat in dem Erk. vom 13. Juli 1860 und 31. Jan. 1862 — Entschd. 47 S. 202 u. Str. Arch. 40, S. 7 — ausgesprochen: Der Pächter ist nicht verpflichtet, sich für die durch theilweise Expropriation des Pachtgrundstückes zu Eisenbahnzwecken bewirkte Schmälerung seines Nutzungsrechts mit der nach den §§ 420 und 421 Tit. 21, Th. I. A. L. R. zu berechnenden Vergütung zu begnügen, vielmehr gebührt ihm die Benutzung des Entschädigungscapitales. Einen ihm in seiner Eigenschaft als Pächter noch erwachsenden Specialschaden kann er aber außerdem auch noch geltend machen. Vergl. Erk. vom 20. Febr. 1865 Str. Arch. 58 S. 163.

Daß übrigens der Anspruch des Miethers auf Entschädigung für den Verlust, den er durch Entziehung der Sache vor Ablauf der Miethszeit erleidet, nicht zusammenfällt mit dem Expropriationspreise, war schon früher anerkannt. Erk. des O. Tr. III. vom 3. Mai 1872. — Str. Arch. 84 S. 325. Vergl. Johow in Gruchot Beitr. Bd. 16 S. 776.

[31]) Die Entschädigungspflicht des Unternehmers für bloße Beschränkungen des Eigenthums beruht auf demselben Rechtsgrunde, welcher derjenigen für die dauernde Entziehung des Eigenthums zu Grunde liegt. Auch hier muß voller Ersatz für den erlittenen Schaden geleistet werden.

In der Commission des H. H. Session 1869/70 wurde gegenüber der Bemerkung, daß die Fassung des § 12 eine zu weite sei, von dem Vertreter der Regierung bemerkt, es sei unzweifelhaft, daß der § 12 und überhaupt das ganze Gesetz auf die Feststellung von Fluchtlinien

die Festsetzung der Entschädigung nach Ablauf jeden halben Jahres der Beschränkung verlangen[31a]).

§ 13.

Für Neubauten, Anpflanzungen, sonstige neue Anlagen und Verbesserungen wird beim Widerspruch des Unternehmers eine Vergütung nicht gewährt, vielmehr nur dem Eigenthümer die Wiederwegnahme auf seine Kosten bis zur Enteignung des Grundstückes vorbehalten, wenn aus der Art der Anlage, dem Zeitpunkte ihrer Errichtung oder den sonst obwaltenden Umständen erhellt, daß dieselben nur in der Absicht vorgenommen sind, eine höhere Entschädigung zu erzielen[32]).

(bei Bebauungsplänen in Städten), wie überhaupt auf Entschädigungsansprüche aus polizeilichen Verfügungen keine Anwendung finde.

[31a]) Von dem auch in anderen Gesetzgebungen anerkannten und legislativ gewiß zu empfehlenden Grundsatze, daß, wenn die vorübergehende Nutzung das Grundstück für seine ursprüngliche Bestimmung ganz unbrauchbar macht, dann der Eigenthümer berechtigt sein muß, von dem Unternehmer die Uebernahme des ganzen Grundstückes gegen Zahlung des vollen Werthes zu verlangen, ist in dem vorliegenden Gesetze nur eine Anwendung für einen speciellen Fall gemacht. Vergl. unten § 52.

[32]) Bei der Feststellung der Entschädigung kommt nur der Zustand der zu expropriirenden Sache zur Zeit der Abschätzung in Betracht. Bis dahin ist der Eigenthümer vermöge seiner freien Dispositionsbefugniß berechtigt, Meliorationen vorzunehmen, welche den Werth des zu expropriirenden Objectes erhöhen (Motive). Aber fast alle Expropriationsgesetze haben Vorkehrungen getroffen, daß die dolose gemachten Wertherhöhungen bei der Abschätzung nicht berücksichtigt werden. Ob ein solcher dolus vorliegt, ist eine reine quaestio facti, die der Entscheidung derjenigen Behörde überlassen bleibt, welche über die Entschädigung selbst Bestimmung zu treffen hat.

Von einer Seite (Thiel a. a. O. S. 27) ist vorgeschlagen, einen Zeitpunkt zu bestimmen, von dem ab gerechnet jede Melioration bei der Feststellung der Entschädigung nicht berücksichtigt werden dürfe,

§ 14.

Der Unternehmer ist zugleich zur Einrichtung derjenigen Anlagen an Wegen, Ueberfahrten, Triften, Einfriedigungen, Bewässerungs- und Vorfluthsanstalten u. s. w. verpflichtet, welche für die benachbarten Grundstücke oder im öffentlichen Interesse zur Sicherung gegen Gefahren und Nachtheile nothwendig werden. Auch die Unterhaltung dieser Anlagen liegt ihm ob, insoweit dieselbe über den Umfang der bestehenden Verpflichtungen zur Unterhaltung vorhandener, demselben Zwecke dienender Anlagen hinausgeht[33]).

---

während von anderer Seite (Meyer a. a. O. S. 295) verlangt wird, daß die Nichtberücksichtigung an ein specielles Verbot des Enteigners geknüpft werde. Dieser letzteren Ansicht schließt sich auch Häberlin S. 189 an, während Grünhut a. a. O. S. 108 in Uebereinstimmung mit dem Preuß. Gesetz die Entscheidung der Frage, ob eine in fraudem legis gemachte Werthերhöhung vorliege, der freien Beurtheilung der zur Bestimmung der Entschädigung berufenen Behörde überlassen will.

Zu verkennen ist allerdings nicht, daß, wenn die Entscheidung lediglich der moralischen Ueberzeugung der Schätzungsbehörde überlassen wird, der Willkühr ein sehr weites Feld eingeräumt wird, und daß vom legislativen Standpunkte aus die Ansicht Meyers entschieden den Vorzug verdient. Bei der Berathung des Gesetzes sind indeß sämmtliche Anträge, welche darauf abzielten, einen Zeitpunkt festzusetzen, nach welchem neue Anlagen als in fraudem legis gemacht gelten sollten, abgelehnt worden, und es hat zur Zeit also über die hier in Rede stehende Frage lediglich die Bezirksregierung, resp. das Verwaltungsgericht zu befinden. Ganz selbstverständlich ist es übrigens, daß gegen den Beschluß dieser Behörden der Rechtsweg beschritten werden kann, da der § 30 des Ges. den Rechtsweg gegen die Entscheidung der Regierung über die Entschädigung, die zu bestellende Caution und die sonstigen aus den §§ 7—13 sich ergebenden Verpflichtungen den Betheiligten ausdrücklich offen hält.

[33]) Die Vorschrift des § 14 ist dem § 14 des Eisenbahngesetzes vom 3. November 1838 nachgebildet. In der Commission des A. H. Session 1873/74 wurde bemerkt, daß die Worte „zur Erhaltung des bestehenden öffentlichen Verkehrs" für die obwaltenden Bedürfnisse nicht

Ueber diese Obliegenheiten des Unternehmers entscheidet die Bezirksregierung (§ 21)[34].

---

ausreichend seien, da auch Rücksichten der Gesundheits- und Sicherheitspolizei dahin führen können, vom Unternehmer die Errichtung besonderer Anlagen zu fordern, und daß deshalb die von der früheren Commission gewählte Ausdrucksweise „im öffentlichen Interesse" vorzuziehen sei. Die Befürchtung, daß hieraus auch die Verpflichtung der Unternehmer zu allerhand Verbesserungen gefolgert werden könne werde beseitigt, sobald man die Worte „zur Sicherung gegen Gefahren und Nachtheile" hinter die Worte „im öffentlichen Interesse" setze, indem hierdurch völlig klar gestellt werde, daß sowohl für die benachbarten Grundbesitzer, als im öffentlichen Interesse nicht zur Erlangung von Vortheilen, sondern nur zur Abwehr von Nachtheilen die Einrichtung besonderer Anlagen beansprucht werden könne. Da nach dieser Erläuterung auch die Herren Regierungscommissare bei der Aenderung kein Bedenken fanden, wurde eine entsprechende Abänderung beschlossen, und mit dieser der Paragraph genehmigt. Constatirt wurde übrigens in der Commission im Einverständniß mit den Regierungscommissaren, daß der privatrechtliche Schutz, welcher nach den bereits bestehenden Rechten dem Grundbesitzer gegen Beeinträchtigungen durch den Unternehmer als Besitzer des Nachbargrundstückes zustehe, durch diesen Paragraph nicht geändert werde. In der zweiten Berathung im Plenum erhielt der § 14 aber auf Antrag des Abgeordneten Windthorst folgende Fassung:

„Der Unternehmer ist zugleich zur Einrichtung und Unterhaltung derjenigen Anlagen u. s. w. verpflichtet, welche zur Sicherung gegen Gefahren und Nachtheile für die benachbarten Grundstücke oder im öffentlichen Interesse nothwendig werden."

Ueber diese Fassung erhob sich bei der Plenarberathung sowohl im A. H. wie später im H. H. eine sehr lebhafte Debatte, indem namentlich hervorgehoben wurde, daß der Begriff des öffentlichen Interesses ein sehr dehnbarer und nicht fest zu umgrenzender sei, und daß deshalb die dem Unternehmer aufgelegte Verpflichtung leicht dasjenige Maß überschreiten könne, welches sich mit der Gerechtigkeit vereinbaren lasse. Es wurde dabei, um dies an einem Beispiel klar zu machen, auf das Bestreben der Gemeinden hingewiesen, unter allen Umständen Zufuhrwege zu den Bahnhöfen zu erlangen und bemerkt, daß dergleichen Wege zwar für eine Gemeinde im öffentlichen Interesse nothwendig seien, daß aber

Titel III.

Enteignungsverfahren.

1. Feststellung des Planes[35]).

§ 15.

Vor Ausführung des Unternehmens ist für dasselbe,

---

ein solcher Zufuhrweg doch nicht erforderlich sei, um im öffentlichen Interesse Gefahren oder Nachtheile abzuwenden.

In Betreff der Unterhaltungskosten führte der Referent der Comm. Dr. Bähr im A. H. ferner aus: es sei selbstverständlich, daß der Unternehmer diejenigen Unterhaltungskosten bezahlen müsse, welche durch eine neue Anlage erwüchsen, die mit keiner anderen bisherigen irgendwie concurrire, eine völlige Ungerechtigkeit aber würde es sein, wenn man dem Unternehmer auch diejenigen Kosten aufladen wolle, die er einem anderen bereits Kostenpflichtigen geradezu ersparen würde. Zur Erläuterung des zweiten Absatzes führte Dr. Bähr an, daß es sich dabei vorzugsweise um solche Anlagen handle, die mit dem Gegenstande des Unternehmens selbst verbunden seien. Ist eine Eisenbahn angelegt und wird durch die Bebauung der umliegenden Grundstücke nothwendig, daß ein Uebergang geschaffen wird, — dann soll die Eisenbahnverwaltung verpflichtet sein, auch noch nachträglich die Herstellung dieses Ueberganges vorzunehmen, allerdings aber nur gegen Erstattung der Kosten. Es ist der Gedanke des ersten Satzes in der Weise fortgesetzt, daß derjenige, welchem wegen des von ihm vertretenen öffentlichen Interesses die Gunst des Enteignungsinteresses zufällt, sich gefallen lassen muß, daß er den Anforderungen des öffentlichen Interesses, welche nachträglich eintreten, nachkommt.

Nachdem sich auch die Vertreter der Staatsregierung in ähnlichem Sinne geäußert hatten, wurde die jetzige Fassung des § 14 angenommen und damit ausgesprochen, daß eine Herstellung von Wegen, Einfriedigungen u. s. w. nur dann als im öffentlichen Interesse liegend, anzusehen ist, wenn sie gefordert wird zur Sicherung gegen Gefahren und Nachtheile. Denn durch die Annahme der Fassung der Commission ist zugleich auch die in dem Berichte der letzteren niedergelegte Rechtsanschauung adoptirt worden.

Ganz ausdrücklich wurde übrigens im Laufe der Debatte von den

unter Berücksichtigung der nach § 14 den Unternehmer

Vertretern der Staatsregierung noch hervorgehoben, daß zu denjenigen Anlagen, von denen der § 14 spreche, Zufuhrwege unter keinen Umständen zu rechnen seien.

[34]) Gegen diese Entscheidung der Bezirksregierung, an deren Stelle im Geltungsbereich der Kreisordnung das Verwaltungsgericht tritt, — § 56 — ist der Rechtsweg nicht zulässig, vielmehr nur der Recurs an die vorgesetzte Ministerialinstanz, wie sich aus den §§ 21 und 22 klar ergiebt. Aber ausgeschlossen ist der Rechtsweg, wie von dem Vertreter der Staatsregierung im Plenum des H. H. auch ausdrücklich anerkannt worden ist, nur bezüglich der Frage, ob der Unternehmer verpflichtet ist, eine bestimmte Anlage zu machen. Handelt es sich dagegen um die Entscheidung der Frage, ob dem betreffenden Adjacenten daraus, daß eine Anlage gemacht, oder nicht gemacht ist, privatrechtliche Schadensansprüche zustehen, so ist der Rechtsweg zulässig.

Dies ist auch der bisherige Rechtszustand gewesen, wie sich aus den nachstehend mitgetheilten Erkenntnissen des Gerichtshofes zur Entscheid. der Comp.-Conflicte ergiebt.

a) Die Entscheidung über die Verpflichtung der Eisenbahngesellschaften zur Herstellung der im § 14 des Ges. vom 3. November 1838 gedachten Anlagen steht lediglich den Regierungen mit Ausschluß des Rechtsweges zu und insbesondere gilt dies auch, wenn es sich um die Breite und Steigungsverhältnisse der nach den Grundstücken der Adjacenten führenden Wege handelt. — Erk. vom 18. April 1857. J. M. Bl. S. 445, M. Bl. der i. V. 1858 S. 10. —

b) Es macht in Beziehung auf die Zulässigkeit des Rechtsweges auch keinen Unterschied, ob der Grundbesitzer Herstellung solcher Anlagen auf dem der Expropriation unterworfenen oder den ihm verbleibenden Ländereien verlangt — Erk. vom 7. October 1854, 12. October 1861 und 11. October 1862, J. M. Bl. 1854 S. 452, 1862 S. 133 u. 1863 S. 47 —, oder ob von der Eisenbahngesellschaft zur Sicherung (z. B. gegen Feuersgefahr) auf dem Grundstücke an den Gebäuden eines Adjacenten auf Grund polizeilicher Anordnung Vorkehrungen getroffen sind. — Erk. vom 14. Febr. 1860, M. Bl. d. i. V. 1861 S. 141. —

c) Der Klageantrag auf Zahlung der Kosten für Herstellung einer der im § 14 gedachten Anlagen steht dem Antrage auf Aus-

treffenden Obliegenheiten, ein Plan, welchem geeignetenfalls

---

führung der Anlage gleich und ist daher der Rechtsweg unstatthaft. — Erk. vom 25. Juni 1853, 16. December 1854 und 9. Juni 1855, J. M. Bl. 1853 S. 335 und 1855 S. 88 und 330, M. Bl. d. i. V. 1855 S. 81 u. 189. —

d) Dagegen ist der Rechtsweg zulässig in Betreff der Entschädigung für das zu den Wegen, Gräben und Triften hergegebene Land. — Erk. vom 14. Jan. 1854, J. M. Bl. S. 139. —

e) Der Anspruch auf Schadenersatz, welchen ein Grundeigenthümer erhebt, weil ihm in Folge der Versagung von Schutzanlagen oder ihrer Herstellung in bestimmter Weise Seitens der Eisenbahnverwaltung Erschwerungen in der Wirthschaftsführung entstehen, ist im Rechtswege geltend zu machen. — Erk. vom 16. December 1854 u. vom 18. April 1857. — J. M. Bl. 1855 S. 88 u. 1857 S. 445. —

f) Auch dann ist der Rechtsweg zulässig, wenn der Grundbesitzer in Folge der Expropriation genöthigt ist, einen Theil des ihm verbliebenen Ackers zu Wegen zu verwenden und er Entschädigung für diesen Acker verlangt. — Erk. vom 12. October 1861, J. M. Bl. 1862 S. 133. —

g) Die Frage, wer die Kosten solcher von der Regierung für nöthig erachteten Anlagen zu tragen hat, ob die Eisenbahngesellschaft oder der Grundbesitzer, ist im ordentlichen Rechtswege zu entscheiden. — Erk. vom 20. October 1855, J. M. Bl. 1855 S. 399.

h) Streitigkeiten wegen Benutzung der von den Eisenbahngesellschaften zum Vortheil der angrenzenden Grundstücke angelegten Wege sind im Rechtswege zu entscheiden. — Erk. vom 30. October 1852, J. M. Bl. 1853 S. 91. —

i) Der Rechtsweg über die Nothwendigkeit neuer Anlagen ist aber nur insoweit ausgeschlossen, als nicht die Verpflichtung der Eisenbahngesellschaft auf einen speciellen Rechtstitel gegründet wird. — Erk. vom 11. Juni 1864, J. M. Bl. 1864 S. 314. —

Bemerkenswerth ist übrigens auch noch der Plen.-Beschl. des O. Tr. — vom 20. October 1851, Entschd. 21 S. 177 u. Str. Arch. 3 S. 300 —, in welchem ausgeführt wird, daß dadurch, daß den Eisenbahngesellschaften im § 14 eine besondere Pflicht gegen die Nachbarn aufgelegt werde, ihre nach allgemeinen Gesetzen bestehenden Verpflichtungen zum Schadensersatze in keiner Weise Abbruch erleiden.

die erforderlichen Querprofile beizufügen sind, in einem zweckentsprechenden Maßstabe aufzustellen und von derjenigen Behörde zu prüfen und vorläufig festzustellen, welche

---

Unter Bezugnahme auf diesen Plenarbeschluß hat später das O. Tr. III. erkannt, daß der Entschädigungsanspruch des Grundeigenthümers wegen der ihm durch die Eisenbahnanlage verursachten Wirthschaftserschwerungen nicht von einer vorgängigen Verpflichtung desselben abhängig sei, eine Beschlußnahme der Verwaltungsbehörde über den Bau von Anlagen zu erwirken, durch welche dem eingetretenen Nachtheile hätte vorgebeugt werden können. — Erk. vom 22. October 1855. Str. Arch. 18 S. 223. —

[35]) Der Tit. III, welcher von dem Abtretungsverfahren handelt, zerfällt in 4 Abschnitte.

Der 1ste Abschnitt behandelt in den §§ 15—24 die Feststellung des Planes,

der 2te Abschnitt behandelt in den §§ 24—32 die Feststellung der Entschädigung,

der 3te Abschnitt behandelt in den §§ 32—39 die Vollziehung der Enteignung und

der 4te Abschnitt enthält in den §§ 39—44 allgemeine Bestimmungen.

In dem dem Landtage in der Session 1868/69 vorgelegten Gesetzentwurfe war das administrative Verfahren behufs Feststellung der Enteignungsobjecte von dem Verfahren zur Feststellung der Entschädigung noch nicht getrennt. Die damalige Comm. des A. H. hielt aber eine solche Trennung für wünschenswerth, einmal im Interesse der betheiligten Grundbesitzer, weil sie dadurch in die Lage versetzt würden, ihre etwaigen Einwendungen gegen den allgemeinen Plan des Unternehmens rechtzeitig vorzubringen und sodann auch aus sachlichen Gründen, weil es für die Ermittelung der Entschädigung so lange an einer genügenden Grundlage fehle, als der Plan noch nicht definitiv festgestellt sei, und weil endlich auch eine gleichzeitige Verhandlung über beide Gegenstände zu Verwickelungen und Verzögerungen führen werde.

Von derselben Ansicht ist man auch später ausgegangen und ist demnächst auch die Trennung des Verfahrens gesetzlich sanctionirt worden. Diese Bestimmungen entsprechen auch dem Vorbilde anderer Gesetzgebungen, insbesondere der französischen, der hessischen, der badischen und

dazu nach den für die verschiedenen Arten der Unternehmungen bestehenden Gesetzen berufen ist[36]).

---

anderer. Vergl. Meyer a. a. O. S. 311 u. ff. u. Grünhut a. a. O. S. 201 u. ff.

[36]) Jedes Expropriationsverfahren muß damit beginnen, daß zunächst festgestellt wird, ob überhaupt ein das Expropriationsrecht begründendes Unternehmen vorliegt und setzt also zunächst eine causae cognitio Seitens derjenigen Behörde voraus, welcher die Entscheidung über die Frage, ob das Unternehmen durch das öffentliche Interesse gefordert werde, resp. ob dasselbe dem Staatszwecke diene, übertragen ist. Die Entscheidung ist wie im § 15 des Preuß. Ges. fast in allen Gesetzgebungen den Verwaltungsbehörden übertragen, nur in Belgien liegt dieselbe in den Händen der Justiz und in Hamburg findet eine Mitwirkung der Volksvertretung statt. Um die Staatsbehörde nun in den Stand zu setzen, eine Prüfung der Frage, ob das Unternehmen im Interesse des öffentlichen Wohles liege, vornehmen zu können, ordnet der § 15 die Verlegung eines Planes an, mit welchem, falls es sich um die Anlegung von Eisenbahnen, Dämmen, Landstraßen, Canälen u. dergl. handelt, zugleich die erforderlichen Querprofile einzureichen sind, um die durch die Ausführung des Unternehmens bedingten Veränderungen der Erdoberfläche vollständig erkennen zu können. Immerhin aber wird man Grünhut a. a. O. S. 202 darin beipflichten müssen, daß nur ein allgemeiner Plan des Unternehmens vorgelegt zu werden braucht, und daß es genügt, wenn aus demselben die Hauptrichtung der Arbeiten, sowie die wichtigsten Hindernisse zu entnehmen sind und derselbe hinreichende Aufklärung über die Kosten und resp. die von der Ausführung zu erwartenden Vortheile giebt. Vergl. § 18. Uebrigens hat die Aufstellung dieses Planes nicht blos den Zweck, der Verwaltungsbehörde als Unterlage für die Prüfung des Unternehmens zu dienen, sondern dieselbe muß auch gleichzeitig als eine erhebliche Maßregel zum Schutze und zur Sicherung der Privatrechte der Betheiligten angesehen werden, welche durch die Bekanntmachung des Planes (§ 19) erst erfahren, in welchem Umfange ihre Interessen berührt werden und dadurch in die Lage gebracht werden, dieselben gehörig wahrzunehmen. Meyer a. a. O. S. 313 wirft die Frage auf, ob, wenn diese Vorschrift nicht beobachtet sei, wenn also die Verbindlichkeit zur Abtretung ausgesprochen sei, aber der rechtlichen Grundlage entbehre, der Schutz der Gerichte angerufen werden könne und bejaht dieselbe. Für das Preuß.

Ist eine besondere Behörde durch das Gesetz nicht berufen, so liegt diese Prüfung und Feststellung der Bezirksregierung ob[37]).

§ 16.

Eine Einigung zwischen den Betheiligten über den Gegenstand der Abtretung, soweit er nach dem Befinden der zuständigen Behörde zu dem Unternehmen erforderlich ist, kann zum Zwecke sowohl der Ueberlassung des Besitzes, als der sofortigen Abtretung des Eigenthums stattfinden. Es kann dabei die Entschädigung nachträglicher Feststellung vorbehalten werden, welche alsdann nach den Vorschriften dieses Gesetzes, oder auch, je nach Verabredung der Betheiligten, sofort im Rechtswege erfolgt. Es kann ferner dabei behufs Regelung der Rechte Dritter die Durchführung des förmlichen Enteignungsverfahrens, nach Befinden ohne Berührung der Entschädigungsfrage, vorbehalten werden[38]).

Recht ist aber die Verneinung wohl unbedenklich. Denn, wiewohl es unzweifelhaft ist, daß der Beschluß der Bezirksregierung, welcher die Expropriation ausspräche, ohne daß die Vorschriften der §§ 15 u. ff. des Gesetzes beobachtet wären, als gesetzlich unzulässig angesehen werden müßte, so würde doch nach § 22 immer nur der Recurs an die höhere Verwaltungsinstanz zulässig sein.

[37]) Die berufenen Behörden sind in gewissen Fällen z. B. bei Eisenbahnanlagen das Ministerium für Handel, Gewerbe rc., im Uebrigen aber regelmäßig die Bezirksregierungen resp. in der Provinz Hannover die Landdrosteien. Im Geltungsbereich der Kreis-Ordn. tritt nach § 56 an die Stelle der Bezirksregierungen der Präsident der letzteren.

[38]) Die Motive bemerken hierzu:

Die §§ 16 u. 17 behandeln die freie Vereinigung über die Abtretung von Grundstücken und über die Entschädigungsfrage. Einer solchen aber legen die bestehenden Gesetze mehrfach Hindernisse in den Weg:

cfr. A. L. R. § 550 seq. Th. II, Tit. 18;
§ 78 Th. II, Tit. 4 A. L. R.;

§ 17.

Für die freiwillige Abtretung in Gemäßheit des § 16

---

§ 1 des Gesetzes vom 15. Februar 1840;
§§ 288, 302 Th. I, Tit. 18 A. L. R.;
Arndt, Pandecten §§ 402, 432, 456;
Puchta, Pandecten §§ 417, 436, 351, 555 Note a;
Code civil, Art 457, 459, 467.

Da die Veräußerung an sich nothwendig ist, dem Zwecke der Veräußerung gemäß aber von einer öffentlichen Versteigerung nicht die Rede sein kann, so erscheint es angemessen, den allgemeinen Grundsatz auszusprechen, daß es genügt, wenn die Abschließung des Vertrages von den Vertretern der unfähigen Personen unter Zustimmung des Vormundschafts-Gerichts oder desjenigen Gerichts, welches die subhastationsfreie Veräußerung von Gütern der Minorennen oder ihnen gleich stehenden Personen zu genehmigen hat, geschlossen und ihrer Beurtheilung überlassen wird, ob die gebotene Entschädigung als ein angemessenes Aequivalent anzusehen sei.

Dies entspricht den für ähnliche Fälle bestehenden Vorschriften des A. L. R. § 586 Th. II, Tit. 18, dem § 14 des Churhessischen Gesetzes vom 30. October 1834, dem § 1 der Verordnung vom 4. September 1867, betreffend die Zuständigkeit der Obergerichte im Gebiete des vormaligen Königreichs Hannover auf die Erledigung verschiedener nicht processualischer Angelegenheiten (G. S. S. 1644), § 21 Nr. 3 der Verordnung über die Trennung der Rechtspflege von der Verwaltung in den Herzogthümern Schleswig und Holstein vom 26. Juni 1867 (G. S. S. 1073), § 10 Nr. 3 der Verordnungen über die Gerichts-Verfassung im vormaligen Churfürstenthum Hessen und Herzogthum Nassau vom 26. Juni 1867 (G. S. S. 1085 und 1094).

Für Lehne und Fideicommisse ist in den Vorschriften des § 15 Nr. 2, § 21 des Gesetzes vom 15. Februar 1840 (G. S. S. 20) gemäß, die Zustimmung der zwei nächsten Agnaten für genügend erachtet, wenn nicht die Stiftungsurkunde oder das Provinzialrecht den Fideicommiß- oder Lehnsbesitzern die Veräußerung mit geringeren Förmlichkeiten gestattet.

Im Geltungsbezirke des Code civil sind die in dem Französischen Expropriations-Gesetze vom 3. Mai 1841, Art. 13, für zureichend erachteten Förmlichkeiten zu den Veräußerungen unfähiger Personen, Dotal- und Majoratsgüter in den Gesetzentwurf übernommen.

sind die nach den bestehenden Gesetzen für die Veräußerung von Grundeigenthum vorgeschriebenen Formen zu wahren.

Die Comm. des A. H. in der Session 1871/72 bemerkte hierzu in ihrem Berichte im Wesentlichen Folgendes:

Es sind drei Rücksichten zu beobachten;

1. gütliche Vereinbarungen möglichst zu fördern;
2. dafür zu sorgen, daß das erworbene Eigenthum frei auf den Unternehmer übergeht, und
3. Realrechte nach Möglichkeit zu schützen durch relativ genügende Formen;

ad 1. Vereinigungen der Interessenten können erfolgen:

a) ohne Dazwischenkunft der Behörden. Diesen Fall behandelt der § 17 (jetzt § 16). Sie können sich erstrecken sowohl auf den Gegenstand der Abtretung, als auf die Entschädigung, dürfen sich aber auch auf ersteren allein beschränken und die Feststellung der letzteren einem einzuleitenden Enteignungsverfahren vorbehalten. Als Förmlichkeit genügen die nach den Gesetzen für Veräußerung von Grundeigenthum gebotenen Formen. Zur Erreichung des vorgesteckten Zieles erscheint es unerläßlich, diejenigen Hindernisse thunlichst zu beseitigen, welche die in einzelnen Gesetzgebungen vorgeschriebenen Förmlichkeiten der Subhastation oder absoluten Veräußerungs-Verbote bezüglich der Grundstücke und Gerechtigkeiten von Minderjährigen, gleichgeachteten handlungsunfähigen Personen, sowie der Lehns- und Fideicommißgüter in den Weg legen. Die Maßnahmen der Regierungs-Vorlage in dieser Hinsicht sind zu billigen, rathsam aber erscheint es, auch noch der polizeilichen Trennungsverbote zu gedenken, welche gegen Zerstückelung von Gütern hier und da bestehen. Diese Anschauung führte zu folgender Abänderung und Ergänzung des, im Uebrigen angenommenen, Regierungsentwurfs: in § 17 (jetzt 16): „(Eine Einigung ꝛc.) kann zum Zwecke sowohl der Ueberlassung des Besitzes als sofortiger Abtretung des Eigenthums stattfinden. Es kann dabei die Entschädigung nachträglicher Feststellung vorbehalten werden, welche alsdann nach den Vorschriften dieses Gesetzes, oder auch, je nach Verabredung der Betheiligten, sofort im Rechtswege erfolgt;“ in § 18 (jetzt § 17): „Für die freiwillige Abtretung in Gemäßheit des § 17 (jetzt § 16) sind die nach den bestehenden Gesetzen für die Veräußerung von Grundeigenthum vorgeschriebenen Formen zu wahren“ und „Veräußerungs-Beschränkungen, welche zur Verhütung der Trennung von Gutsverbänden oder der Zerstückelung von Ländereien be-

Handelt es sich um Grundstücke oder Gerechtigkeiten be-

---

stehen, finden keine Anwendung." b) Es ist ferner eine Vereinbarung der Interessenten möglich im Laufe des Enteignungsverfahrens vor dem Commissar der Verwaltungsbehörde nach § 27 (jetzt § 26) des Gesetzes in der dort vorgeschriebenen Form. ad 2. Das öffentliche Interesse erfordert, das Grundeigenthum, welches zu Unternehmungen behufs dessen Förderung in Anspruch genommen wird, dafür frei von allen Reallasten zur Verfügung stehe. Es muß daher extra commercium erklärt werden, die gezahlte Entschädigungssumme tritt lediglich an Stelle des abgetretenen Objectes. Diese Wirkung kann aber folgerichtig nur stattfinden in dem Umfange, wie nach dem Ermessen der Verwaltungs-Behörde Grundeigenthum zu dem Unternehmen erforderlich ist. Die Grenzen dieses Umfanges sind durch den festgesetzten Plan bestimmt. Es erscheint durchaus richtig, daß die Regierungs-Vorlage dem Ausdruck giebt. Deshalb wurde ein Amendement: die Worte darin: „soweit er (i. e. der Gegenstand der Abtretung) nach dem Befinden der zuständigen Behörde zu dem Unternehmen erforderlich ist" zu streichen, einstimmig abgelehnt, dabei hervorgehoben, daß es einem Unternehmer ja unbenommen bleibe, freihändig Grundstücke über die durch den Plan gezogenen Grenzen hinaus zu erwerben, und durch Zuziehung der Realberechtigten relative, in den meisten Fällen factisch wohl ausreichende, Sicherheit gegen Vindication zu erlangen, daß ihm nur diejenige absolute Sicherung gegen unbekannt gebliebene Realansprüche verwehrt bleibe, welche der Staat im Enteignungs-Verfahren durch Stellung der Sache außer Verkehr gewähre.

ad 3. Die Vorlage der Regierung sieht, nach der Erläuterung, die ihre Vertreter gaben, für alle Fälle ausreichende Sicherung der Realrechte in der Bestimmung des § 48, daß der Eigenthümer eines mit Reallasten oder Hypotheken behafteten Grundstücks, das er abtritt, über die Entschädigungssumme nicht einseitig verfügen kann, der Unternehmer also zur Deposition derselben genöthigt ist, will er nicht Gefahr laufen, wiederholt zahlen zu müssen, in Verbindung mit der Vorschrift des § 46, welche den Realberechtigten gegen Verschleuderung des ihm verhafteten Object dadurch schützt, daß er ihm eine Klage gegen den Unternehmer auf anderweite Festsetzung der Entschädigungssumme gewährt, wenn der vom Unternehmer und Eigenthümer vereinbarte Betrag ihn nicht deckt.

Nach Ansicht der Commission genügt dieses Maß der Sicherheit

vormundeter, in Concurs gerathener, unter Curatel stehen=

---

aber nur, wenn die Vereinbarung erfolgt im Stadium des § 26. Hier ist ein Verfahren vor dem Regierungs=Commissar eingeleitet, an welchem alle zur Sache Interessirten Theil nehmen können, öffentliche Vorladung der Realberechtigten hat stattgefunden, es sind die Formen gewahrt, welche rechtfertigen, es nunmehr mit den Rechten Dritter streng zu nehmen; für diese liegt nur die Gefahr vor, daß Eigenthümer und Unternehmer sich zu einem zu niedrigen Preise geeinigt haben. Das Hilfsmittel des § 46 kann da ausreichen. Anders steht es im Falle des § 16, da ist lediglich der vorläufig festgestellte Plan aufgelegt, ein Enteignungs=Verfahren nicht eingeleitet, die Formen des § 26 sind nicht erfüllt. Es würde sich deshalb als ein willkührlicher Eingriff in wohlerworbene Rechte darstellen, wollte man auch hier die Folgen des § 46 eintreten lassen, und damit das entäußerte Grundstück den Realberechtigten als Object ihrer Befriedigung nehmen. Diesen droht bei solchem sich hinter ihrem Rücken vollziehenden Geschäfte auf mehrfache Art Gefahr, factisch ihr Realrecht an dem Grundstücke beseitigt zu sehen; es kann ein verschuldeter Eigenthümer, dem es nur auf Erlangung einer baaren Summe ankommt, mit einem schließlich zahlungsunfähigen Unternehmer concurriren, und die Verwirklichung des abgeschlossenen Geschäfts so spät zur Kenntniß der Realgläubiger gelangen, daß sie nicht mehr im Stande sind, ausreichende Maßregeln zu ihrer Sicherung zu ergreifen. Die Weinhagen'sche Petition führt Fälle derart auf, unter andern auch den, daß es Realgläubigern nicht gelang, ihre Ansprüche an ein ihnen rechtlich noch verhaftetes Grundstück einer Eisenbahn=Gesellschaft gegenüber durchzusetzen, weil die Identität desselben nach Verlauf einer Reihe von Jahren nicht mehr nachzuweisen war. Dem zu begegnen, bietet sich ein zweckmäßiges Mittel dar in Durchführung des Enteignungs=Verfahrens mindestens soweit, als es das Aufgebot der Realberechtigten zum Gegenstande hat. Nur wenn der freien Vereinbarung ein derartiges Feststellungs=Verfahren zutritt, und damit den vorhandenen Realberechtigten zeitig genug Kunde von dem stattgefundenen Geschäfte wird, um sie in den Stand zu setzen, alsbald ihre Interessen vor einer staatlichen Behörde zu wahren, die ihnen hierbei ex officio zu Diensten steht, erscheint es der Commission zulässig, einer derartigen freiwilligen Veräußerung die rechtliche Wirkung der Enteignung Dritten gegenüber beizulegen. Alsdann erst hat nach ihrer Ansicht der Staat vollständig seiner Pflicht genügt, welche ihm der Grund=

der oder anderer handlungsunfähiger Personen, so genügt

---

satz des Gesetzes auflegt, daß der Eingriff in das Eigenthum zum Zwecke der Expropriation allein seine Sanction in der Vermittlung des Staates findet.

Hieraus entsprang der weitere Zusatz im § 17:

Es kann ferner dabei behufs Regelung der Rechte Dritter nach Maßgabe dieses Gesetzes (§ 45) die Durchführung des förmlichen Enteignungsverfahrens nach Befinden ohne Berührung der Entschädigungsfrage vorbehalten werden.

Ein zum § 18 (jetzt § 17) weiter beantragter Zusatz: „Diese Vereinbarungen sind unter den Gesichtspunkt der nothwendigen Veräußerungen zu stellen," bezweckte, in der Provinz Hannover mögliche Zweifel zu beseitigen, weil dort verschiedene Gerichte zur Genehmigung von nothwendigen und freiwilligen Veräußerungen Unfähiger existiren. Das Bedürfniß einer solchen Declaration im Gesetze wurde aber von der Mehrheit der Commission nicht anerkannt. Ein Mitglied der Commission vertrat einen principiell anderen Standpunkt dahin: Vereinigung einer rein privatrechtlichen Procedur mit dem Enteignungsverfahren erscheine unstatthaft. Am wenigsten könne zu Gunsten des ersteren von den gesetzlichen Sicherungsvorschriften für die Veräußerung von Grundstücken der Minorennen u. s. w. abgesehen werden. Interessenten hätten sich zu entscheiden, ob sie freie Vereinbarung mit den allgemeinen gesetzlichen Wirkungen solcher durchführen oder auf Enteignungs-Verfahren provociren wollten. Letzteres, einmal eingeleitet, sei von Amtswegen zu Ende zu bringen. Dies führte zu folgendem Antrage: Die §§ 17 und 18 (jetzt §§ 16 und 17) zu streichen, vor § 16 (jetzt § 15) aber einzuschalten: „Das Enteignungs-Verfahren findet vor der competenten Verwaltungs-Behörde statt. Es tritt nur auf Antrag des Unternehmers ein. Zu diesem Antrage ist der Unternehmer nur dann legitimirt, wenn ein Grundstück nicht freihändig erworben werden kann, weil dem zeitigen Besitzer die freie Disposition nicht zusteht. Nach Uebernahme des Enteignungs-Verfahrens hat die Verwaltungs-Behörde dasselbe von Amtswegen zu Ende zu führen. Durch Enteignung darf Grundeigenthum nur in so weit entzogen oder beschränkt werden, als nach dem Ermessen der Verwaltungs-Behörde zur Ausführung des Unternehmens nothwendig ist." Diese Anschauung fand aber in der Commission keine Billigung.

Die Commission des A. H. in der Session 1873/74 trat der ersteren

der Abschluß des Vertrages durch deren Vertreter unter Genehmigung des vormundschaftlichen Gerichts oder desjenigen Gerichts, welches die Veräußerung der Grundstücke und Gerechtigkeiten solcher Personen aus freier Hand zu genehmigen befugt ist.

Lehns- und Fideicommißbesitzer sind befugt, solche Verträge unter Zustimmung der beiden nächsten Agnaten abzuschließen, sofern die Stiftungsurkunden oder besondere gesetzliche Bestimmungen jene Veräußerungen nicht unter erleichterter Form gestatten.

Im Bezirk des Appellationsgerichtshofes zu Cöln sind die Vertreter der Minderjährigen, Abwesenden, Interdicirten und anderer handlungsunfähiger Personen, sowie der Fallitmassen befugt, gültig in die Veräußerung zu willigen, wenn sie dazu von dem Gericht auf Antrag in der Rathskammer nach Anhörung des öffentlichen Ministeriums ermächtigt sind. Diese Vorschrift findet auch auf Dotal- und Fideicommißgrundstücke Anwendung.

Veräußerungsbeschränkungen, welche zur Verhütung der Trennung von Gutsverbänden oder der Zerstückelung von Ländereien bestehen, finden keine Anwendung[39]).

§ 18.

Auf Antrag des Unternehmers erfolgt das Verfahren behufs Feststellung des Planes[40]).

Auffassung bei, und wurden demnächst die beiden §§ in ihrer gegenwärtigen Fassung zum Gesetz erhoben.

[39]) Vergl. Anm. 38 zu § 16.

[40]) Ist der von dem Unternehmer aufgestellte Plan (§ 15) von der Bezirksregierung geprüft und ist eine gütliche Einigung zwischen den Interessenten nicht zu Stande gekommen, so kann der Unternehmer die Einleitung des Feststellungsverfahrens beantragen.

Dies Verfahren setzt voraus, daß der allgemeine Plan von der

Zu diesem Behufe hat derselbe der Bezirksregierung[40a]) für jeden Gemeinde- oder Gutsbezirk einen Auszug aus dem

---

Regierung gebilligt worden ist und dient der letztere nunmehr als Grundlage für das Feststellungsverfahren.

Mit dem Antrage auf Einleitung dieses Verfahrens muß der Unternehmer Auszüge aus dem allgemeinen Plane beibringen, aus denen sich für jeden Guts- und Gemeindebezirk diejenigen Grundstücke nach Lage, Größe, Culturart und Katasterbezeichnung ergeben, deren Enteignung beansprucht wird.

Die in den früheren Gesetzentwürfen enthaltene Verpflichtung, auch stets ein Vermessungsregister mit einzureichen, wurde von der Comm. des A. H. in der Session 1873/74 unter Zustimmung der Regierung gestrichen, weil dieselbe nicht selten zu unnöthigen Schwierigkeiten für den Unternehmer führen würde.

Die möglichst genaue Bezeichnung der beanspruchten Grundstücke aber, auch nach dem Namen und Wohnort des Eigenthümers, ist nothwendig, weil aus diesen Auszügen Jedermann soll ersehen können, ob und in welchem Umfange er bei der bevorstehenden Expropriation interessirt ist.

Aus diesem letzteren Grunde wird auch die Entscheidung der Bezirksregierung — § 21 — die Zulässigkeit der Enteignung nur bezüglich derjenigen Grundstücke und genau nur innerhalb derjenigen Grenzen aussprechen dürfen, welche in den Auszügen bezeichnet sind. Daß, wenn sich im Laufe der Ausführung des Unternehmens herausstellen sollte, daß das eine oder andere in den Auszügen bezeichnete Grundstück nicht gebraucht wird, der Eigenthümer kein Recht hat, die Enteignung zu verlangen, erscheint ganz selbstverständlich — Grünhut a. a. O. S. 206 —, denn es handelt sich in diesen Plänen ja nur um eine vorläufige Angabe. Soll dagegen die Expropriation auf andere, als die bezeichneten Grundstücke ausgedehnt, oder sollen die bezeichneten in einem größeren Umfange in Anspruch genommen werden, so muß das in den §§ 18 bis 20 vorgeschriebene Verfahren bezüglich dieser Aenderungen oder Erweiterungen wiederholt werden, damit den Interessenten die Möglichkeit gewährt wird, auch in dieser Richtung ihre Reclamationen anbringen zu können.

[40a]) Im Geltungsbereich der Kreis-Ordn. dem Regierungs-Präsidenten. — § 56. —

vorläufig festgestellten Plane nebst Beilagen vorzulegen, welche die zu enteignenden Grundstücke nach ihrer grundbuchmäßigen, katastermäßigen oder sonst üblichen Bezeichnung und Größe, deren Eigenthümer nach Namen und Wohnort, ferner die nach § 14 herzustellenden Anlagen, sowie, wo nur eine Belastung von Grundeigenthum in Frage steht, die Art und den Umfang dieser Belastung enthalten müssen.

§ 19.

Plan nebst Beilagen sind in dem betreffenden Gemeinde- oder Gutsbezirke während vierzehn Tagen zu Jedermanns Einsicht offen zu legen.

Die Zeit der Offenlegung ist ortsüblich bekannt zu machen.

Während dieser Zeit kann jeder Betheiligte[41]) im Um-

---

[41]) In den früheren Entwürfen war dies Recht nur dem Grundeigenthümer eingeräumt. Die Comm. des A. H. in der Session 1871/72 aber dehnte dasselbe auf alle Interessenten aus. Der Comm. Bericht bemerkte darüber:

„Es empfehle sich, nicht blos dem Grundeigenthümer, sondern allen Realberechtigten, insbesondere dem Servitut-Inhaber, auch dem Miether und Pächter die Befugniß zu gewähren, sich alsbald über ihre Rechte zu äußern; solche könnten bisweilen schwer ins Gewicht fallen, beispielsweise das eines Pachtmüllers, dem durch die projectirte Anlage Wasser entzogen würde; nach dem Entwurfe könnte es selbst zweifelhaft sein, ob ein Fideicommißbesitzer Einwendungen erheben dürfe. Nothwendig erscheine es, auszusprechen, daß die Einwürfe eben gegen den Plan gerichtet sein sollen, und in der Billigkeit begründet, daß den durch die Enteignung Betroffenen von Staatswegen eine Behörde zur Verfügung gestellt werde, wo sie möglichst leicht ihre Einwendungen anzubringen vermögen. Nachdem man darüber debattirt, ob dies am Zweckmäßigsten durch Bezeichnung des Gemeinde-Vorstandes, des Landraths oder eines schon in diesem Falle zu bestellenden Commissars geschehe, einigte man sich dahin, daß die Entscheidung der Behörde im concreten Falle

fange seines Interesses Einwendungen gegen den Plan erheben. Auch der Vorstand des Gemeinde- oder Gutsbezirks hat das Recht, Einwendungen zu erheben, welche sich auf die Richtung des Unternehmens oder auf Anlagen der in § 14 gedachten Art beziehen.

Die Regierung[41a] hat diejenige Stelle zu bezeichnen, bei welcher solche Einwendungen schriftlich einzureichen oder mündlich zu Protokoll zu geben sind.

§ 20.

Nach Ablauf der Frist (§ 19) werden die Einwendungen gegen den Plan in einem nöthigenfalls an Ort und

---

zu überlassen sei, und beschloß am Eingange des dritten Absatzes folgende Aenderung: „(Während dieser Zeit kann jeder Betheiligte im Umfange seines Interesses Einwendungen gegen den Plan erheben)" sowie den Zusatz: „die Regierung hat diejenige Stelle zu bezeichnen, bei welcher solche Einwendungen schriftlich einzureichen oder mündlich zu Protokoll zu geben sind." Mit diesen Aenderungen wurde der Paragraph in die Regierungsvorlage von 1873 aufgenommen und fand auch die Zustimmung des Landtages.

Es fragt sich hierbei, welchen Umfang die angebrachten Reclamationen haben können.

Grünhut a. a. O. S. 213 meint, daß sich dieselben nicht soweit erstrecken dürften, daß die einmal ertheilte Genehmigungserklärung selbst noch einer Anfechtung unterzogen würde, sondern daß die Einwendungen sich nur gegen Einzelheiten der Ausführung richten dürften.

Dies wird auch für das Preuß. Recht als richtig anerkannt werden müssen. Denn die Statthaftigkeit des Unternehmens überhaupt ist ja in diesem Stadium des Verfahrens bereits durch Königl. Ordre (§ 2) festgestellt und kann also nun nicht mehr Gegenstand der Anfechtung sein. In den früheren Entwürfen waren auch die vorzubringenden Einreden näher bezeichnet. So spricht z. B. noch der Entw. von 1869 im § 17 nur von den Einreden gegen die Anwendung des Expropriationsrechts und von der Einrede des Unternehmens aus § 8 (jetzt § 10) al. 1.

[41a]) Im Geltungsbereich der Kreis-Ordn. der Regierungspräsident. — § 56. —

Stelle abzuhaltenden Termin vor einem von der Bezirksregierung zu ernennenden Commissar erörtert.

Zu dem Termine werden die Unternehmer, die Reclamanten und die durch die Reclamationen betroffenen Grundbesitzer, sowie der Vorstand des Gemeinde- oder Gutsbezirks vorgeladen und mit ihrer Erklärung gehört[42]). Dem Commissar bleibt es überlassen, Sachverständige, deren Gutachten erforderlich ist, zuzuziehen[43]).

Die Verhandlungen haben sich nicht auf die Entschädigungsfrage zu erstrecken[43a]).

§ 21[44]).

Der Commissar hat nach Beendigung der Verhandlun-

---

[42]) Während § 19 eine öffentliche und allgemeine Ladung der Interessenten vorschreibt, ist im § 20 eine besondere Vorladung der Unternehmer, der Reclamanten, derjenigen Grundbesitzer, welche von den erhobenen Reclamationen betroffen werden und der Vorstände der Gemeinde- und Gutsbezirke angeordnet.

Im ersteren Falle würde auch eine specielle Ladung unmöglich sein, weil durch das öffentliche Aufgebot die Interessenten theilweise ja erst bekannt werden; in dem letzteren Falle dagegen ist der Kreis der Interessenten bestimmt und die persönliche Ladung um so nothwendiger, als mit dem Nichterscheinen in dem Termine Rechtsnachtheile verknüpft sein können.

Ueber die Art der Vorladungen trifft der § 39 Bestimmungen.

[43]) In dem Regierungsentw. war die Zuziehung von Sachverständigen zu der commissarischen Verhandlung als nothwendig angeordnet (§ 18) und zwar sollte, im Falle keine Einigung über einen Sachverständigen zu Stande käme, jeder Theil einen und der Commissar den dritten ernennen. Die Comm. des A. H. hielt ein solches Verfahren aber nicht für zweckmäßig, weil es in diesem Verfahren ja vor Allem darauf ankomme, billige, beide Theile zufriedenstellende Vereinbarungen herbeizuführen und diese Absicht durch die Zuziehung von Sachverständigen eher vereitelt, als gefördert werden würde.

[43a]) Im Geltungsbereich der Kreis-O. übt die der Bezirksregierung in diesem § übertragenen Befugnisse der Regierungspräsident aus.

gen letztere der Bezirksregierung vorzulegen, welche prüft,

---

[44]) Ueber die im § 21 enthaltenen Bestimmungen äußerte sich der Bericht der X Comm. des A. H. in der Session 1871/72 folgendermaßen:

§ 21 behandelt die definitive Feststellung des Plans auf Grund der gepflogenen Verhandlungen durch Regierungs-Beschluß. Die Mehrheit der Commission erachtete die Vorschriften, welche die Vorlage für den Inhalt dieses Beschlusses giebt, abgesehen von einigen wünschenswerthen redactionellen Abänderungen, nach folgenden Richtungen hin einer Ergänzung für bedürftig: Es empfehle sich hervorzuheben, daß über alle im Vorverfahren gemachten Einwendungen Entscheidung ergehe. Sodann müsse die Frage hier zum Austrage gebracht werden, wie lange das Expropriationsrecht fortdaure. Der Entwurf des Gesetzes berühre sie nur beiläufig, wo die Competenz zur Fristbestimmung, analog dem Eisenbahn-Gesetze, dem Minister beigelegt werde. Geboten erscheine es, daß der Beschluß der Regierung, von dem jetzt die Rede, diese Frist positiv festsetze, nicht in dem Sinne, daß dadurch etwa über die Dauer der vorangegangenen Cabinets-Ordre entschieden wird, sondern nur in dem, daß nach Ablauf des festgesetzten Endtermins das Verfahren behufs Aufstellung eines neuen Plans wiederholt werden müsse. Endlich sei eine Bestimmung über Publication des Beschlusses wünschenswerth. Der Paragraph erhielt danach folgende Einschaltungen:
hinter Alinea 1:

„über die erhobenen Einwendungen entscheidet, und danach"

in Alinea 2 sub Nr. 1 hinter dem Worte „Beschränkungen"

„sowie auch die Zeit, innerhalb deren längstens vom Enteignungrechte Gebrauch zu machen ist"

und den Zusatz:

„die Entscheidung wird dem Unternehmer, den Reclamanten und sonstigen Personen, welche an der Streiterörterung Theil genommen, sowie dem Vorstande des Gemeinde- und Gutsbezirkes zugestellt."

Weitere Anträge,

dem Alinea 1 noch zuzusetzen: „unter Ausschluß aller nicht angemeldeten Einwendungen"

und

die Worte zu streichen: „soweit die Königliche Verordnung hierüber keine Bestimmung enthält"

ob die vorgeschriebenen Förmlichkeiten beobachtet sind, mittelst motivirten Beschlusses über die erhobenen Einwendungen entscheidet und danach

1. den Gegenstand der Enteignung, die Größe und die Grenzen des abzutretenden Grundbesitzes, die Art und den Umfang der aufzulegenden Beschränkungen, sowie auch die Zeit, innerhalb deren längstens vom Enteignungsrechte Gebrauch zu machen ist[45]), — soweit die Königliche Verordnung (§ 2) über diese Punkte keine Bestimmungen enthält —,
2. die Anlagen, zu deren Errichtung wie Unterhaltung der Unternehmer verpflichtet ist (§ 14),

feststellt.

---

fanden nicht die Billigung der Commission, weil Leute, die innerhalb der vorgeschriebenen Frist gegen den ausgelegten Plan keine Einwendungen erhöben, ihn so wie so, auch ohne förmliche Präclusion nicht mehr angreifen könnten, und der Inhalt einer Königlichen Ordre von der untern Behörde unbedingt respectirt werden müsse, letztere also, soweit eine vorhandene Ordre über die hier in Rede stehenden Punkte Bestimmmung träfe, solche nur stricte wiederholen könnten. Nöthigenfalls sei eine Abänderung der Königlichen Ordre auf besonderem Wege zu erbitten.

[45]) Die Bestimmung eines Zeitpunktes für den Beginn des Unternehmens ist von der größten Bedeutung, denn die mit der Expropriation bedrohten Grundstücke werden thatsächlich außer Verkehr gesetzt, da Niemand ein solches Grundstück kaufen wird.

Eben so nothwendig als die Bestimmung eines Anfangspunktes scheint aus denselben Gründen aber auch die Bestimmung einer Frist, binnen welcher das Unternehmen vollendet sein muß, da gerade die Ausführung des Unternehmens z. B. der Bau einer Eisenbahn für die Adjacenten nicht selten eine Menge von Unanehmlichkeiten mit sich bringt. Man erinnere sich nur der ausgedehnten Rechte, welche den Eisenbahngesellschaften durch die §§ 8—10 des Ges. vom 3. November 1838 verliehen waren.

Vergl. auch Grünhut a. a. O. S. 207.

Die Entscheidung wird dem Unternehmer, dem Reclamanten und sonstigen Personen, welche an der Streiterörterung Theil genommen, sowie dem Vorstande des Gemeinde- oder Gutsbezirks zugestellt[45a]).

§ 22.

Gegen die Entscheidung der Bezirksregierung steht den Betheiligten[46]) der Recurs an die vorgesetzte Ministerialinstanz offen.

Der Recurs muß bei Verlust desselben innerhalb zehn Tagen nach Zustellung des Beschlusses bei der Bezirksregierung eingelegt und gerechtfertigt[47]) werden. Die Regierung hat die Recursschrift dem Gegner zur Beantwortung innerhalb einer Frist von sieben bis vierzehn Tagen mitzutheilen und nach Eingang der Schrift oder nach Ablauf der Frist die Acten an den zuständigen Minister zur Entscheidung einzusenden.

§ 23[48]).

Das Enteignungsrecht bei der Anlage von Eisenbah-

45a) Die der Bezirksregierung in diesem § übertragenen Functionen übt im Geltungsbereiche der Kreis-Ordn. vom 13. December 1872 das Verwaltungsgericht aus. — § 56. —

46) In der Regierungsvorlage hieß es statt: „Betheiligten" beiden Theilen. Durch diese Aenderung hat ausgesprochen werden sollen, daß der Recurs außer dem Eigenthümer und Unternehmer auch jedem Dritten, an der öffentlichen Anlage Interessirten, zusteht.

47) Eine besondere Frist zur Rechtfertigung wird nicht gewährt.

Der Recurs kann auch bei der Regierung mündlich zu Protokoll erklärt werden, wie dies der Vertreter der Staatsregierung in der Commissionsberathung des A. H. ausdrücklich erklärt hat.

Dagegen ist eine Anbringung bei dem Landrathsamte unstatthaft, resp. ist das Rechtsmittel hinfällig geworden, wenn dasselbe nicht innerhalb 10 Tagen bei der Regierung eingegangen ist.

An weitere Formen aber ist der Recurs nicht gebunden.

nen[49]) erstreckt sich unter Berücksichtigung der Vorschriften dieses Gesetzes insbesondere:

---

[48]) Die Motive der Regierungsvorlage ergeben Folgendes:

Der § 23 des mit dem früheren Regierungsentwurf § 52 übereinstimmenden Entwurfs der Commission des A. H. bestimmte, daß die §§ 8, 9, 10 des Eisenbahngesetzes vom 3. November 1838 (G. S. S. 505), soweit sie den Umfang des Enteignungsrechts betreffen, in Kraft bleiben sollten. Schon bei den unter Nr. 340, 341 der Drucksachen für das Plenum gestellten Abänderungsanträgen war die specielle Aufnahme der beizubehaltenden Bestimmungen desiderirt worden. Diesem Antrage ist durch den jetzigen § 23 entsprochen worden, besonders weil einige Bestimmungen des Eisenbahngesetzes vom 3. November 1838 der Modification bedürfen. Die Vorschrift des § 8 Nr. 1 desselben umfaßt bereits den sub 2 daselbst bezeichneten Fall, da zur Bahn auch die nöthigen Ausweichungen gehören. Die in § 8 Nr. 4 enthaltene Anführung einzelner längs der Bahn zu errichtender Gebäude ist wegzulassen, da jene Anführung wenig erschöpfend ist, und sogar die Hervorhebung der für den Eisenbahnbetrieb unbedingt erforderlichen Werkstätten, sowie Locomotiven-, Wagen- und Güterschuppen nicht erwähnt. Eine erschöpfende, überall zutreffende Bezeichnung aller für den Eisenbahnbetrieb erforderlichen Gebäude läßt sich überhaupt nicht geben. Es empfiehlt sich deshalb, rücksichtlich derselben nur eine generelle Bestimmung zu treffen, welche die Enteignung zum Zwecke aller für die Anlage und den Betrieb der Eisenbahn erforderlichen Grundstücke und deren vorübergehende Benutzung zu diesem Zwecke zuläßt und dieselbe rücksichtlich aller Anlagen, welche nur das Privatinteresse des Unternehmers betreffen, ausschließt.

Die zur Gewinnung des Schüttungsmaterials für die Aufträge zu benutzenden Grundstücke werden in der Regel von den Unternehmern so ausgeschachtet, daß dadurch eine wesentliche und dauernde Veränderung des Grundstücks im Sinne des § 4 des jetzigen Gesetzes erfolgt, also eine vollständige Enteignung herbeigeführt werden muß. Hiermit harmonirt die Vorschrift des § 9 des Eisenbahngesetzes nicht, wonach die Eisenbahngesellschaften unbedingt berechtigt sind, das behufs Materialiengewinnung zu benutzende Terrain nach der Ausschachtung dem Eigenthümer zurückzugeben. Die Bestimmung des § 10 des Eisenbahngesetzes ist nicht aufgenommen, weil der § 4 des Gesetzes sowohl die Rechte des Unternehmers als der Grundeigenthümer hinreichend wahrt, und es

1. auf den Grund und Boden, welcher zur Bahn, zu den Bahnhöfen und zu den an der Bahn und an den Bahnhöfen behufs des Eisenbahnbetriebes zu errichtenden Gebäuden erforderlich ist;
2. auf den zur Unterbringung der Erde und des Schuttes u. s. w. bei Abtragungen, Einschnitten und Tunnels erforderlichen Grund und Boden;
3. überhaupt auf den Grund und Boden für alle sonstigen Anlagen[50]), welche zu dem Behufe, damit die

---

deshalb der in § 10 des Eisenbahngesetzes enthaltenen Casuistik nicht bedarf. Eine vorübergehende Benutzung fremder Grundstücke bei Anlage von Eisenbahnen kommt hauptsächlich nur zur Einrichtung von Interimswegen, Werkplätzen und Arbeiterhütten vor, und sind diese deshalb in dem § 23 besonders aufgeführt.

In der Comm. des A. H. Session 1873/74 wurde der § 23 in der Fassung der Regierungsvorlage unverändert angenommen, dagegen gab der Inhalt desselben bei den Plenarberathungen beider Häuser zu lebhaften Debatten Veranlassung. Vergl. darüber die folg. Anm.

[49]) Der Wunsch, welcher in verschiedenen Petitionen Ausdruck gefunden hatte, dem § 23 einen solchen Inhalt zu geben, daß ähnliche Bestimmungen wie hier für Eisenbahnen auch zu Gunsten von Wasserstraßen und Anlagen von städtischen Straßen und Plätzen aufgestellt würden, wurde nicht für berechtigt anerkannt. Man ging davon aus, daß wenn einmal das Recht der Enteignung zu Gunsten einer solchen Anlage verliehen sei, sich dieses Recht selbstverständlich auf allen jenen Grund und Boden erstrecken werde, welcher zur Herstellung des Werkes unabweislich erforderlich sei, also, wenn die aufzuwerfenden Erdmassen nicht anderweit untergebracht werden könnten, auch auf denjenigen Grund und Boden der zur Aufnahme derselben nothwendig sei. Diese Erklärung des Referenten fand anscheinend die Billigung des Hauses.

[50]) Der Abg. Windthorst hatte den Antrag gestellt, die Nr. 2 und 3 des § 23 dahin zu fassen, daß die Enteignung nur dann statthaft sei, wenn die betreffenden Grund- und Raumflächen nicht anderweit zu erlangen seien, so daß also der Nachweis der absoluten Nothwendigkeit der Enteignung geführt werden sollte.

Der Handelsminister erklärte dies jedoch für überflüssig, da es sich

Bahn als eine öffentliche Straße zur allgemeinen Benutzung dienen könne, nöthig oder in Folge der Bahnanlage im öffentlichen Interesse erforderlich sind;

---

ganz von selbst verstehe, daß die Flächen, von denen hier die Rede sei, nicht nach Willkühr der Eisenbahngesellschaft erworben werden könnten, sondern daß die Erwerbung voraussetze, daß die Grundstücke zu dem Unternehmen erforderlich und nothwendig seien. Der Windthorst'sche Antrag wurde demnächst, obschon er auch noch von anderer Seite vertheidigt worden, zurückgezogen.

Ferner hatte der Abg. Windthorst beantragt, Nr. 4 in al. 1, welche der jetzigen Nr. 3 entspricht, ganz zu streichen, weil nicht klar erhelle, was mit den darin genannten „Anlagen" gemeint sei. Auch von anderer Seite wurde betont, daß damit das Expropriationsrecht leicht zu Zwecken ausgebeutet werden könnte, welche mehr dem Privatinteresse dienten, als dem öffentlichen Interesse, der Antrag wurde indeß abgelehnt.

Welche Bedeutung nun aber die Vorschrift der Nr. 3 in der That hat, darüber gingen die Meinungen auseinander. Während der Abg. Windthorst behauptet hatte, die Nr. 3 sei, wenn sie in ihrer richtigen Begrenzung verstanden werde, ganz überflüssig, weil sie dann nichts anderes sage, als was schon in Nr. 1 ausgesprochen sei, wurde dies von zwei verschiedenen Seiten für unrichtig erklärt. Der Abg. Lasker meinte, dieser Absatz habe nur die Bedeutung, daß während eine Eisenbahn gebaut werde, gewisse Grundstücke vorübergehend im Wege der Expropriation benutzt werden könnten, weil sie nothwendig seien, um den Bau fertig zu stellen. Diese Auffassung erscheint indeß nicht richtig, weil sie dem Gesetze einen offenbar viel zu engen Wirkungskreis geben würde. Auch ist durchaus nicht ersichtlich, welcher Grund vorliegen sollte, diese Bestimmung nur auf eine vorübergehende Benutzung und zwar nur für die Zeit des Baues anzuwenden.

Die richtige Erklärung der Bedeutung der Nr. 3 hat unzweifelhaft der Abg. Miquel gegeben. Nach seiner Ansicht bezieht sich Nr. 1 nur auf die Anlagen, welche an der Bahn und an den Bahnhöfen belegen und Behufs des Betriebes der Eisenbahn nothwendig sind, während die Nr. 3 solche Anlagen im Auge hat, die nicht unmittelbar für den Betrieb erforderlich sind und nicht unmittelbar an der Bahn oder den

4. auf das für die Herstellung von Aufträgen erforderliche Schüttungsmaterial[51]).

Dagegen ist das Enteignungsrecht auf den Grund und Boden für solche Anlagen nicht auszudehnen, welche, wie Waarenmagazine u. dergl., nicht den unter Nr. 3 gedachten allgemeinen Zweck, sondern nur das Privatinteresse des Eisenbahnunternehmers angehen.

Die vorübergehende Benutzung fremder Grundstücke soll bei der Anlage von Eisenbahnen, insbesondere zur Einrichtung von Interimswegen, Werkplätzen und Arbeiterhütten zulässig sein[52]).

Bahnhöfen belegen sind, die vielmehr sonst nothwendig sind, damit die Eisenbahn als öffentliche Straße zur Benutzung dienen könne. Der Referent hob hervor, daß für die Commission der Umstand maßgebend gewesen sei, daß die Bestimmung sich an das bestehende Recht — vergl. § 8 Nr. 5 des Ges. vom 3. November 1838 — anschließe.

[51]) Der Abg. Thomsen bemerkte, daß der Ausdruck „Schüttungsmaterial" an einer großen Unklarheit leide und stellte den Antrag, den zur Trockenlegung der Schwellen dienenden Kies ausdrücklich als von der Expropriation ausgeschlossen zu bezeichnen. Er führte zur Begründung an, daß in der Commission der Vertreter der Regierung diesen Kies als zum Schüttungsmaterial gehörig bezeichnet habe, während dies von einer anderen Seite als unrichtig bestritten sei. Ferner beantragte der Abg. Thomsen die Nr. 3 des § 23 so zu fassen, daß nur die Expropriation des Materials, nicht aber die von Grund und Boden selbst gestattet werde. In der 3ten Lesung endlich stellte der Abgeordnete Thomsen den Antrag, wenigstens denjenigen Kies von der Expropriation auszuschließen, welcher mehr als 10 pCt. Kalk enthalte. Dieser letztere Antrag fand auch die Zustimmung des Hauses; die dem § 23 in Folge dessen hinzugefügte bezügliche Bestimmung wurde aber später vom H. H. wieder gestrichen. Dagegen wurde der Thomsen'sche Antrag, soweit er dahin ging, die Expropriation nur auf das Schüttungsmaterial zu beschränken, den Grund und Boden, in welchem letzteres befindlich, aber dem Eigenthümer zu belassen, in beiden Häusern angenommen und ist diese Bestimmung demnächst auch in das Gesetz übergegangen.

[52]) Nach den Verhandlungen des H. H. kann es keinem Zweifel

2. Feststellung der Entschädigung.

§ 24[53]).

Der Antrag auf Feststellung der Entschädigung ist von

---

unterliegen, daß das den Eisenbahngesellschaften im § 23 gewährte Expropriationsrecht sich nur auf neue Anlagen, nicht aber auf die fortdauernde Unterhaltung bezieht. Die Commission hatte beantragt, den Eingang des § 23 dahin zu fassen:

„Das Enteignungsrecht bei der Anlage und Unterhaltung von Eisenbahnen erstreckt sich u. s. w.“ Das Plenum hat aber die Worte „und Unterhaltung“ auf Antrag des Grafen zu Stolberg gestrichen. Dabei wurde von dem Antragsteller hervorgehoben, daß es zwar Fälle geben könnte, in denen eine Expropriation nothwendig werden dürfte, z. B. wenn ein Eisenbahndamm versinken sollte, daß ja aber für solche Fälle bereits nach § 4, wenn auch nicht eine Expropriation, so doch eine vorübergehende Beschränkung zur Entnahme von Kies und dergl. zu Gunsten der Bahn zulässig sein würde.

Diese letztere Aufstellung aber erscheint nicht zutreffend. Die Wiederherstellung eines versunkenen Dammes ist keine neue Anlage, sondern lediglich eine zur Unterhaltung der bestehenden Bahn ausgeführte Reparatur und findet also das Expropriationsrecht aus § 23 auf einen solchen Fall entschieden keine Anwendung. Ebensowenig aber liegt der Fall des § 4 vor. Der letztere handelt nur von zeitweisen Beschränkungen des Eigenthums, die Wegnahme von Kies aus einem Grundstücke aber ist keine Beschränkung desselben, sondern ist vielmehr eine dauernde Entziehung eines Eigenthumsobjectes und kann deßhalb nur von dem Gesichtspunkte der eigentlichen Expropriation aus betrachtet werden. Auch sonst läßt der Inhalt des § 4 wohl kaum einen Zweifel darüber, daß er sich nicht auf die Entziehung von Substanztheilen bezieht, sondern daß er nur solche Benutzungen im Auge hat, welche zwar die Ausübung der Eigenthumsrechte beschränken, aber die Substanz selbst im Wesentlichen unverändert lassen. Vergl. Anm. 48 zu § 23.

Die Ausführung in den Motiven zur Reg. Vorlage (unten Anm. zu § 50) geht unter Berufung auf den § 241 Tit. 22, Th. I. A. L. R. zwar von einer andern Auffassung aus, der Wortlaut des § 4 dürfte aber für die Richtigkeit der hier vertretenen Ansicht sprechen. Die Motive zum § 3 der Reg. Vorlage — Drucksachen des A. H. No. 6, Session 1871/72 — ergeben auch, daß man unter den zeitweisen Be-

dem Unternehmer schriftlich bei der Bezirksregierung einzubringen[54]).

---

schränkungen des Eigenthums gewiß nicht auch die Entnahme von Baumaterialien verstanden hat, denn dort sind als Beispiele solcher Beschränkungen aufgeführt: die Niederlegung von Baumaterialien auf fremden Grundstücken, zeitweises Ueberfahren der letzteren und dergl.

[53]) Mit dem § 24 beginnt der zweite Abschnitt des Enteignungsverfahrens, die Ermittelung der Entschädigung. Dieser umfaßt selbst wiederum zwei Abschnitte und zwar:

1. die Ermittelung der Entschädigungsberechtigten — § 24 — und
2. die Festsetzung der Höhe der Entschädigung — §§ 25—32.

Welcher Behörde die Erledigung des Entschädigungsverfahrens zu übertragen sei, ob gleichfalls den Administrativbehörden, oder den Gerichten oder den ersteren mit Offenhaltung des Rechtsweges oder den Gerichten unter Zuziehung einer Jury, darüber gehen die Ansichten weit auseinander und auch die verschiedenen Gesetzgebungen zeigen in dieser Beziehung keine Uebereinstimmung.

Das französ. Recht überweist die Entscheidung einer Jury und diesem Verfahren schloß sich das frühere Frankfurter Gesetz von 1856 an.

In Belgien liegt die Entscheidung den Gerichten ob, in der Schweiz wird eine besondere Schätzungscommission ernannt, in verschiedenen deutschen Staaten (Baiern, Hamburg, Baden, Hessen) entscheiden die Gerichte, in dem Specialgesetz über den Bau der Werra-Eisenbahn endlich war die definitive Entscheidung den Verwaltungsbehörden übertragen.

Vergl. über die verschiedenen Gesetzgebungen Meyer a. a. O. S. 318 u. ff. u. Grünhut S. 237 u. ff.

Das Preuß. Recht hatte schon früher die Entscheidung der Administrativbehörde jedoch mit Vorbehalt der Beschreitung des Rechtsweges überlassen und denselben Weg hat auch das neue Gesetz eingeschlagen.

Man wird sich aber, wenn man die vorliegende Frage vom legislativen Gesichtspunkte aus betrachtet, nur der Ansicht von Meyer a. a. O. S. 323 u. ff. anschließen können, daß weder die Gerichte, noch die Verwaltungsbehörden berufen erscheinen, die hier in Rede stehenden Fragen zu entscheiden, sondern, daß es das einzig Correcte gewesen wäre, die Entscheidung, die hier zu treffen ist, und die in nichts Anderem besteht, als den Werth einer gewissen Sache zu bestimmen, einer Commission von Sachverständigen, also einer sachverständigen Jury zu übertragen.

Der Antrag muß das zu enteignende Grundstück, dessen Eigenthümer, sowie, wo nur eine Belastung in Frage steht, die Art und den Umfang derselben genau bezeichnen (§ 18).

Es hat auch im Preuß. A. H. nicht an Stimmen gefehlt, welche die Einführung einer Jury befürworteten, die bezüglichen Anträge wurden jedoch abgelehnt, ohne daß man indeß durch die für die Ablehnung beigebrachten Gründe überzeugt wird.

Für eine Jury hat sich auch Grünhut a. a. O. S. 237 entschieden, während sich Häberlin S. 213 mit Entschiedenheit dahin ausgesprochen hat, daß die Feststellung der Entschädigung im Interesse des Schutzes des Eigenthums lediglich eine Justizsache sein müsse. Thiel a. a. O. S. 141 hat die Einrichtung besonderer Schätzungsgerichte vorgeschlagen.

Im Geltungsbereiche der Kreis-O. vom 13. December 1872 liegt die Entscheidung dem Verwaltungsgerichte ob. § 56.

[54]) Auch darüber, wem in dem Ermittelungsverfahren die Pflicht, die Entschädigungsberechtigten zu ermitteln, übertragen werden soll, herrscht keine Uebereinstimmung. Einzelne Gesetzgebungen übertragen diese Pflicht dem Eigenthümer (z. B. die französische und die belgische) andere, wie die meisten deutschen Gesetzgebungen bestimmen, daß diese Ermittelung von Amtswegen durch die Behörde zu bewirken sei. Das neue Preuß. Gesetz hat einen ganz neuen Weg eingeschlagen und diese Pflicht dem Unternehmer übertragen. Nach dem Bericht der Comm. des A. H. (Session 1871/72) ging man von folgender Anschauung aus: Unternehmer hat das Interesse, Eigenthümer und Realberechtigter des von ihm in Anspruch genommenen Objects richtig zu ermitteln, irrt er, so trifft ihn hierfür die Verantwortung, das Gesetz gewährt ihm durch Einsicht der öffentlichen Bücher möglichste Gelegenheit dies zu thun, und legt ihm die Pflicht auf, die Personen der Regierung und deren Commissar zu bezeichnen, letztere sind nicht verbunden, deren Legitimation von Amtswegen zu prüfen, und können eine Vertretung dafür um so weniger übernehmen, als die jetzige Unvollständigkeit des Hypothekenbuchs beim Mangel einer Zwangspflicht zu Eintragungen und die Nichtexistenz solcher Bücher in manchen Landestheilen sie nicht in die Lage versetzen, eine, jeden Irrthum hierüber ausschließende Ueberzeugung zu erlangen. Desgleichen trifft den Unternehmer die Gefahr, die unvermeidlich ist bei schließlicher Zahlung oder Deposition der Ent-

Dem Antrage ist zum Nachweis der Rechte am Grundstück ein beglaubigter Auszug aus dem Grundbuch (Hypothekenbuch, Währschaftsbuch, Stockbuch), wo aber ein solches nicht vorhanden ist oder nicht ausreicht, eine Bescheinigung des Ortsvorstandes oder der sonst zur Ausstellung solcher Bescheinigungen berufenen Behörde über den Eigenthumsbesitz und die bekannten Realrechte beizufügen. Diese Urkunden haben die betreffenden Behörden dem Unternehmer auf Grund der Feststellung (§ 21) oder einer sonstigen Bescheinigung der Regierung gegen Erstattung der Copialien zu ertheilen, auch demselben Einsicht des Grundbuchs u. s. w. zu gestatten.

Gleichzeitig mit Ertheilung des Auszugs hat die Grundbuchbehörde, soweit die betreffenden Grundbücher dazu geeignet sind, und zwar ohne weiteren Antrag, eine Vormerkung über das eingeleitete Enteignungsverfahren im Grundbuche einzutragen, deren Löschung mit vollzogener Enteignung (§ 33) oder auf besonderes Ersuchen der Regierung

---

schädigungs-Summe; denn da der Eigenthümer über das der Enteignung unterworfene Grundstück bis zum Momente der Besitz-Einweisung des Unternehmers freie Verfügung hat, so können zwischen der Edictal-Citation der Realberechtigten im Entschädigungs-Verfahren und dem Momente der Zahlung fortwährend neue Rechte am Grundstücke entstehen, denen gegenüber eine geleistete Zahlung anfechtbar wird. Selbst Rückfrage bei der Hypothekenbehörde, sei es Seitens des Unternehmers oder von der Regierung, beseitigt den Uebelstand nicht mit absoluter Gewißheit, denn zwischen dem Erlaß des Bescheides und dem Eingehen desselben bei dem Anfragenden kann schon wieder ein neues Realrecht zugetreten sein. Die Regierung solle und werde prüfen, auf Grund der ihr vom Unternehmer gelieferten Unterlagen, ob recht gezahlt oder deponirt worden sei, unmöglich aber kann man unter der dargestellten Schwierigkeit diese Pflicht dahin ausdehnen, daß die Regierung vorher den Unternehmer bestimmt anweise, ob und an wen er zu zahlen habe, mit der Wirkung, daß durch Befolgung dieser Weisung der Unternehmer

erfolgt[54a]). Auch hat dieselbe während der Dauer des Enteignungsverfahrens von jeder an dem Grundstücke eintretenden Rechtsveränderung, welche für die Vertretung des Grundstücks oder die Auszahlung der Entschädigung von Bedeutung ist, von Amtswegen der Enteignungsbehörde Nachricht zu geben[54b]).

§ 25.

Der Entscheidung der Bezirksregierung muß eine commissarische Verhandlung mit den Betheiligten unter Vorlegung des definitiv festgestellten Planes vorangehen[55]).

Der Commissar hat auf Grund der nach § 24 beizu-

---

von jeder Haftbarkeit befreit bleibe. Das hieße, ohne eine Veränderung in der Sachlage selbst, lediglich die Last von dem Unternehmer auf die Regierung verrücken, und dieser eine Regreß-Verbindlichkeit auflegen, die sie unmöglich übernehmen kann. Unter diesen Umständen schlage die Regierung immerhin noch den relativ besten und gerechtesten Weg ein.

Nach den §§ 44 u. 45 des Ges. gehen aber die Rechte der bei diesem Verfahren etwa Uebergangenen verloren und man suchte deshalb nach wirksamen Schutzmitteln. Der Staat, so führte man aus, überkomme, wenn er, von seinem summum jus Gebrauch machend, Jemandem sein Eigenthum nehme, naturgemäß dadurch die Verpflichtung, soweit es in menschlichen Kräften liege, dafür zu sorgen, daß mit dem wirklich Legitimirten verhandelt werde und dieser die Entschädigung erhalte. Es komme hinzu, daß der Unternehmer gar nicht einmal ein lebhaftes Interesse habe, an den Richtigen zu zahlen. Auf diesen Erwägungen beruht einerseits die Bestimmung des al. 3, welche den Unternehmer verpflichtet, die Quellen seiner Angaben zur Prüfung vorzulegen und andererseits die Vorschrift, daß ein Vermerk über die Einleitung des Expropriationsverfahrens in die Grundbücher einzutragen ist, um denjenigen Realberechtigten, der sich um den Inhalt der letzteren nicht kümmert, in culpa zu bringen.

[54a]) Den Grundbuchbehörden wird hierdurch die Pflicht auferlegt, in verschiedenen Fällen von Amtswegen und ohne Antrag einzuschreiten. Dies entspricht wenig der Tendenz der Grundbuchgesetzgebung vom 5. Mai 1872.

bringenden Urkunden darauf zu achten, daß das Verfahren gegen den wirklichen Eigenthümer gerichtet wird[56]).

Er hat den Unternehmer, den Eigenthümer, sowie auch Nebenberechtigte, welche sich zur Theilnahme an dem Verfahren gemeldet haben, zu einem nöthigenfalls an Ort und Stelle abzuhaltenden Termine vorzuladen[57]).

Alle übrigen Betheiligten werden durch eine in dem Regierungsamtsblatt und in dem betreffenden Kreisblatt, sowie geeigneten Falls in sonstigen Blättern bekannt zu machende Vorladung aufgefordert, ihre Rechte im Termine wahrzunehmen.

Die Ladungen erfolgen unter der Verwarnung, daß beim Ausbleiben der Geladenen ohne deren Zuthun die Entschädigung festgestellt und wegen Auszahlung oder Hinterlegung der letzteren werde verfügt werden[58]).

[54b]) An die Stelle der Regierung tritt im Geltungsgebiet der Kreisordnung der Regierungspräsident. — § 56 —.

[55]) Durch den § 25 wird also nochmals eine Art von Vergleichsverfahren angeordnet, welchem der nunmehr definitiv festgestellte Plan zu Grunde gelegt wird. Dieser Ausdruck „definitiv festgestellt" hat aber nur die Bedeutung, daß der Plan denen gegenüber definitiv ist, welche in das Entschädigungsverfahren hineingezogen werden. — Ber. der X. Comm. des A. H. (Session 1871/72).

[56]) Durch die Vorschrift des al. 2 hat eine Regreßpflicht des Commissars in keiner Weise begründet werden sollen. — Ber. ders. Comm.

[57]) Diese Bestimmung rührt erst aus der Berathung der VIII. Comm. des A. H. (Session 1873/74) her. Früher lautete die Bestimmung dahin, daß neben dem Eigenthümer alle Entschädigungsberechtigte zu laden seien, wie sie aus dem Nachweise erhellten, den der Eigenthümer vorlegen sollte.

[58]) In den früheren Entwürfen war zwischen dem Eigenthümer und den anderen Entschädigungsberechtigten ein Unterschied bezüglich der gestellten Verwarnung gemacht, indem letztere unter dem Präjudiz geladen werden sollten, daß bei ihrem Ausbleiben angenommen würde, daß sie außer der für den Eigenthümer ermittelten keine besondere Ent-

In dem Termine ist jeder an dem zu enteignenden Grundstücke Berechtigte befugt, zu erscheinen und sein Interesse an der Feststellung der Entschädigung, sowie bezüglich der Auszahlung und Hinterlegung derselben wahrzunehmen[59]).

In dem Termine hat der Grundeigenthümer seine Anträge auf vollständige Uebernahme eines theilweise in Anspruch genommenen Grundstücks (§ 9) anzubringen. Spätere Anträge dieser Art sind unzulässig.

§ 26.

Der Commissar hat eine Vereinbarung der Betheiligten zu Protokoll zu nehmen und ihnen eine Ausfertigung auf Verlangen zu ertheilen.

Das Protokoll hat die Kraft einer gerichtlichen oder notariellen Urkunde[60]). In Bezug auf die Rechtsverbindlichkeit der vor dem Commissar abgeschlossenen Verträge kommen die Bestimmungen des § 17, Absatz 2 und 5 zur Anwendung[61]).

---

schädigung zu liquidiren hätten. Aber die Entschädigung des Eigenthümers und die der übrigen Berechtigten fallen ja nicht immer zusammen — vergl. oben § 11 — und das Präjudiz der Ladung lautet deshalb jetzt für alle Interessenten übereinstimmend dahin, daß bei ihrem Ausbleiben doch mit Feststellung der Entschädigung vorgegangen werden wird.

59) In der VIII. Comm. des A. H. (Session 1873/74) wurde im allseitigen Einverständnisse constatirt, daß al. 6 für die Betheiligten auch die Befugniß in sich schließe, die für eine besondere Instruction der Sachverständigen (§ 28) erheblichen Punkte zur Geltung zu bringen.

60) Diese Bestimmung, daß das Protokoll die Kraft einer gerichtlichen oder notariellen Urkunde habe, war nothwendig, damit dasselbe zur Eintragung in den Grundbüchern genügt. — § 33 der Grundbuch-O. — Die Urschriften sind bei der Regierung aufzubewahren und sind von dieser den Interessenten auf Verlangen Ausfertigungen zu ertheilen.

§ 27.

Zu der commissarischen Verhandlung sind ein bis drei Sachverständige zuzuziehen, welche von der Bezirksregierung entweder für das ganze Unternehmen oder einzelne Theile desselben zu ernennen sind. Doch steht auch den Betheiligten zu, sich vor dem Abschätzungstermine über Sachverständige zu einigen, und dieselben dem Commissar zu bezeichnen[62]).

Die ernannten Sachverständigen müssen die in den betreffenden Proceßgesetzen vorgeschriebenen Eigenschaften eines völlig glaubwürdigen Zeugen besitzen[63]); dieselben dürfen insbesondere nicht zu denjenigen Personen gehören, die selbst als Entschädigungsberechtigte[64]) von der Enteignung betroffen sind.

---

[61]) Ursprünglich lautete der letzte Satz dahin, daß es, sofern die Vereinbarung nach Anhörung von Sachverständigen zu Stande gekommen sei, der im § 14 (jetzt § 17) vorgeschriebenen Förmlichkeiten nicht bedürfe.

[62]) Die Art und Auswahl der Sachverständigen hat zu lebhaften Discussionen Veranlassung gegeben. Die Sache liegt jetzt so, daß in erster Linie diejenigen Sachverständigen einzutreten haben, über welche die Interessenten sich einigen, daß dagegen, wenn eine solche Einigung nicht zu Stande kommt, die Bezirksregierung und resp. der Präsident der letzteren die Sachverständigen ernennt. In dieser Wahl ist die Regierung nur beschränkt durch die Vorschriften in al. 2, im Uebrigen hat sie ganz freie Hand, da alle Anträge auf eine Beschränkung des Kreises, aus dem die Sachverständigen gewählt werden sollten, abgelehnt worden sind.

[63]) Der § 239 Tit. 10, Th. I. Allg. Ger.-Ordn. bestimmt: Für einen vollkommen glaubwürdigen Zeugen ist nur derjenige zu achten, dem keine von den §§ 227, 228, 230 und 233 bemerkten Einwendungen entgegensteht, der nicht blos vom Hörensagen zeugt, und in dessen Angaben keine Widersprüche sich finden.

[64]) Der Zusatz,

daß die Sachverständigen nicht zu den Personen gehören dür-

§ 28.

Das Gutachten wird von den Sachverständigen entweder mündlich zu Protokoll erklärt oder schriftlich eingereicht. Dasselbe muß mit Gründen unterstützt und beeidet werden[65]). Sind die Sachverständigen ein für allemal als solche vereidet, so genügt die Versicherung der Richtigkeit des Gutachtens auf den geleisteten Eid im Protokoll oder unter dem schriftlich eingereichten Gutachten[66]).

Den Betheiligten ist vor der Entscheidung der Bezirksregierung (§ 29) Gelegenheit zu geben, über das Gutachten sich auszusprechen[67]).

---

fen, die selbst als Besitzer oder Entschädigungsberechtigte von der Expropriation betroffen werden,

hat darin seinen Grund, daß der Art. 183 der Rheinischen Proceßordnung dieses Motiv nicht als Ablehnungsgrund eines Zeugen oder Sachverständigen aufführt, das ostensible Interesse der betheiligten Grundbesitzer aber deren Ausschließung von den Functionen eines Sachverständigen erfordert.

Nach Preuß. Recht hätte sich die Untauglichkeit dieser Personen ganz von selbst verstanden.

[65]) Vor wem? Wahrscheinlich vor dem Regierungscommissar, aber eine ausdrückliche Vorschrift wäre hier ganz am Orte gewesen, da die Zuständigkeit gewisser Verwaltungsbehörden zur Abnahme von Eiden keineswegs so völlig klar liegt. Vergl. Oppenhoff, St. G. Buch, Anm. zu § 153.

[66]) Dies entspricht, wie die Motive sagen, den in dem größten Theile der Monarchie geltenden Vorschriften. — § 203, No. 4, Tit 10, Th. I. A. G.-Ordn., § 3 des Ges. vom 15. Juni 1840 und § 1 des Ges. vom 4. Mai 1857.

[67]) In welcher Weise dies geschehen soll, ist auch nicht gesagt worden Unzweifelhaft geschieht es am Besten in der Weise, daß das Gutachten den Betheiligten in Abschrift mitgetheilt, oder daß dasselbe einige Zeit hindurch etwa im Amtslocale des zuständigen Landrathes, oder Amtsvorstehers zur Einsicht ausgelegt wird.

Es erscheint übrigens unzweifelhaft, daß die Regierung von Amtswegen oder auf das Anrufen eines oder beider Theile eine Wiederho-

§ 29.

Die Entscheidung der Bezirksregierung über die Entschädigung, die zu bestellende Caution und die sonstigen aus §§ 7—13 sich ergebenden Verpflichtungen erfolgt mittelst motivirten Beschlusses[68]).

Die Entschädigungssumme ist für jeden Eigenthümer

---

lung der Taxe anordnen kann. Denn ein Antrag des Abg. Windthorst, die Wiederholung der Abschätzung ausdrücklich an die Zustimmung beider Theile zu knüpfen, ist vom A. H. abgelehnt worden und überdies entspricht eine solche Wiederholung auch dem bestehenden Recht. — Vergl. Erk. des O. Tr. III vom 18. April 1855, Entschd. 31, S. 104 u. das Erk deff. Sen. vom 25. Januar 1867, Str. Arch. 67, S. 66. Nur müssen die Anträge auf Wiederholung der Abschätzung in dieses Stadium des Verfahrens fallen. Nach Erlaß der Entscheidung (§ 29) können dieselben nicht mehr vorgebracht werden, vielmehr steht dann nur noch der Rechtsweg offen. — Vergl. unten Anm. 74. Unbedenklich erscheint es auch, daß gegen einen die Ablehnung der Wiederholung der Abschätzung aussprechenden Regierungsbeschluß der Recurs an das Ministerium gestattet ist, aber der in dem Erk. des O. Tr. vom 25. Januar 1867 aufgestellte Rechtssatz, daß auf erhobenen Recurs der Handelsminister auch den Expropriationsbescheid selbst noch bezüglich des Abschätzungsverfahrens aufheben könne, wird für das heutige Recht nicht mehr als richtig anzuerkennen sein.

Nach al. 2 § 28 müssen vielmehr Einwendungen gegen die Abschätzung vor Erlaß des Resolutes angebracht werden.

[68]) Bei dieser Entscheidung ist die Regierung, wie sich unzweifelhaft schon aus § 40 ergiebt, an das Gutachten der Sachverständigen durchaus nicht gebunden, sie entscheidet vielmehr nach ihrem freien Ermessen. Die Motive — Drucksachen des A. H. No. 6, II Session 1871/72 — erklären dies auch ausdrücklich und bemerken dazu, dies Verfahren entspreche den Vorschriften der Rhein. Pr. Ordn. Art. 323 und dem § 1 des Ges. vom 25. Mai 1857 und sei generalisirt, weil die erkennende Behörde nur bei freier Beurtheilung im Stande sei, unangemessenen Taxen der Sachverständigen in wirksamer Weise entgegenzutreten. Ein Antrag, die Regierung hinsichtlich der Höhe der Entschädigung an das Gutachten der Sachverständigen zu binden, ist auch in der dritten Lesung vom A. H. verworfen worden.

sowie für jeden der im § 11 bezeichneten Nebenberechtigten, soweit ihm eine nicht schon im Werthe des enteigneten Grundeigenthums begriffene Entschädigung zuzusprechen ist, besonders festzustellen[69]). Auch ist da, wo die den Nebenberechtigten gebührende Entschädigung in dem Werthe des enteigneten Grundeigenthums begriffen ist, auf Antrag des Eigenthümers oder des betreffenden Nebenberechtigten das Antheilsverhältniß festzustellen[70]), nach welchem dem letzteren innerhalb seiner vom Eigenthümer anerkannten Berech-

[69]) Ein großer Theil der Entschädigungsansprüche der Nebenberechtigten ist schon in dem vollen Werthe (§ 8) enthalten, der dem Grundeigenthümer gebührt, aber diese Ansprüche decken sich nicht immer (§ 11). Es müssen nun also in dem Resolute der Regierung die Ansprüche des Eigenthümers und die besonderen Ansprüche der Nebenberechtigten (Pächter, Miether, Servitutberechtigte) einzeln geprüft und jeder für sich besonders festgestellt werden.

[70]) Dieser dritte Satz, welcher also bestimmt, daß auch in denjenigen Fällen, in denen die Entschädigung der Nebenberechtigten schon in dem dem Eigenthümer zu gewährenden vollen Werthe steckt, das Regierungsresolut resp. das Erkenntniß des Verwaltungsgerichts sofort die Antheilsverhältnisse des Eigenthümers und der Nebenberechtigten bestimmen soll, ist erst von der VIII. Comm. des A. H. in der Session 1873/74 hinzugefügt worden. Seitens des Vertreters der Regierung wurde diese Bestimmung bekämpft und ausgeführt, daß es sich hier lediglich um einen Ausspruch über privatrechtliche Verhältnisse handle, der den Gerichten zu überlassen sei. Die Comm. ging aber davon aus, daß es für die Interessenten von der allergrößten Wichtigkeit sei, sofort eine vorläufige Entscheidung zu haben, die in den meisten Fällen einem kostspieligen Proceßverfahren vorbeugen werde.

So gut gemeint diese Bestimmung aber auch ist, so ist doch wohl nicht zu leugnen, daß die Rechtsstreitigkeiten der Expropriaten unter einander über das Verhältniß der Theilnahme an der Entschädigung mit dem eigentlichen Expropriationsverfahren nichts zu thun haben, und daß es allerdings zweckmäßiger gewesen wäre, die Entscheidung dieser Fragen den Gerichten zu überlassen, zumal die Regierungen häufig genug in die Lage kommen werden, für eine Entscheidung in dieser

tigung aus der für das Eigenthum festgestellten Entschädigungssumme oder deren Nutzungen Entschädigung gebührt[71]).

In dem Beschlusse ist zugleich zu bestimmen, daß die Enteignung des Grundstücks nur nach erfolgter Zahlung[72]) oder Hinterlegung der Entschädigungs- oder Cautionssumme auszusprechen sei.

§ 30.

Gegen die Entscheidung der Regieruug steht sowohl dem Unternehmer als den übrigen Betheiligten[73]) innerhalb sechs Monaten[74]) nach Zustellung des Regierungsbeschlusses die

---

Richtung gar nicht die erforderlichen thatsächlichen Unterlagen zu besitzen. In dem Geltungsbereiche der Kreis-Ordn. vom 13. December 1872 liegt die Sache insofern günstiger, als hier diese Entscheidung den Verwaltungsgerichten obliegt. — § 56. —

[71]) Zu den Nebenberechtigten, von welchen in diesem Paragraph die Rede ist, gehören die Hypothekengläubiger nicht, diese haben vielmehr nur einen Anspruch auf das Aequivalent, das der Eigenthümer an Stelle des ihnen verpfändeten Objects empfängt. Die Rechte der Hypothekengläubiger werden in den §§ 37, 38 u. 45 abgehandelt.

[72]) Der Schlußsatz des Paragraph enthält den wichtigen in allen Expropriationsgesetzen anerkannten und im Interesse des Schutzes des Eigenthums auch durchaus nothwendigen Rechtssatz, daß die thatsächliche Enteignung d. h. die Besitzentziehung erst stattfinden soll, wenn die Entschädigungssumme gezahlt oder deponirt ist.

Es wird hiervon noch weiter in den §§ 32 u. ff. gehandelt werden.

[73]) Nach § 11 des Ges. vom 3. November 1838 war die Beschreitung des Rechtsweges nur dem Expropriaten, nicht aber der Gesellschaft gestattet. Die Praxis hat diese Bestimmung aber immer nur als eine für die Expropriation, zu Eisenbahnzwecken getroffene Ausnahmebestimmung angesehen und bei anderen Expropriationen auch dem expropriirenden Fiscus den Rechtsweg gestattet. Vergl. Erk. des O. Tr. III. vom 24. Januar 1851 — Str. Arch. 2 S. 24. Auch die Ges. vom 25. Mai 1857 und 8. April 1868 (für die Rheinprovinz und den Bezirk des Justiz-Sen. zu Ehrenbreitenstein ergangen) kannten eine solche Beschränkung nicht mehr. Vergl. unten Anm. 77.

Beschreitung des Rechtsweges zu[75]). Ein Streit über das Antheilsverhältniß eines Nebenberechtigten an der für das Eigenthum festgestellten Entschädigungssumme ist lediglich zwischen dem Nebenberechtigten und dem Eigenthümer auszutragen.

Eines vorgängigen Sühneversuchs bedarf es nicht[76]).

Zuständig ist das Gericht, in dessen Bezirk das betreffende Grundstück belegen ist.

Sind die Parteien über die Sachverständigen nicht einig, so ernennt das Gericht dieselben.

Wird von dem Unternehmer auf richterliche Entscheidung

---

[74]) Die Bestimmung der Frist, innerhalb deren der Rechtsweg zulässig sein sollte, hat zu vielen Debatten Veranlassung gegeben. Die ursprünglich bestimmte Frist von 90 Tagen wurde allgemein für eine zu kurze gehalten und an deren Stelle eine solche von sechs Monaten gesetzt, während für Ausnahmefälle noch eine längere Frist gewährt ist. §. 31. — Ueber die rechtliche Natur dieser Frist und die Berechnungsweise bei derselben geben die gesetzgeberischen Vorverhandlungen keine Auskunft.

Zunächst ist wohl außer Zweifel, daß es sich hier um eine Rechtsmittelfrist handelt, und daß dieselbe mit dem Tage der Zustellung der Regierungsentscheidung zu laufen beginnt. Unter „Monat" ist sodann aber nicht eine Frist von 30 Tagen, sondern der Kalendermonat zu verstehen, so daß z. B. eine sechsmonatliche Frist, welche am 31. August zu laufen angefangen, mit dem 28. (resp. 29.) Februar des folgenden Jahres abgelaufen sein würde. Vergl. Koch, Commentar zum A. L. R. (6. Ausg.) Anm. 39 zu § 45 Tit. 3, Th. I. und Förster, Theorie und Praxis des Preuß. Rechts (2. Aufl.) Bd. 1 S. 200 u. ff.

[75]) Aber nur der Rechtsweg ist zulässig, nicht mehr der Recurs an das Ministerium. Vergl. oben Anm. 67 zu § 28. Ein Antrag, den Recurs an den Minister des Innern als zulässig hier noch einzuschieben mit Suspensiveffect in Betreff des Gegenstandes der Beschwerde, ist ausdrücklich von der X. Comm. des A. H. (Session 1871/72, Drucksachen Nr. 223) abgelehnt worden.

[76]) Diese Bestimmung ist mit Rücksicht auf den im Rhein. Proceßverfahren obligatorischen Sühneversuch getroffen.

angetragen, so fallen ihm jedenfalls die Kosten der ersten Instanz zur Last[77]).

§ 31.

Wegen solcher nachtheiligen Folgen der Enteignung[78]), welche erst nach dem im § 25 gedachten Termine[79]) erkennbar werden, bleibt dem Entschädigungsberechtigten bis zum Ablauf von drei Jahren[80]) nach der Ausführung des Thei-

---

[77]) Der Schlußsatz beruht auf einem Antrage des Abg. Windthorst. Der letztere hatte principaliter beantragt, den bisherigen Rechtszustand festzuhalten und nur dem Eigenthümer, nicht aber dem Exproprianten den Rechtsweg zu gestatten, event. aber hatte er den Antrag gestellt, dem Unternehmer wenigstens in jedem Falle die Kosten der ersten Instanz zur Last zu legen. Der principale Antrag fand gar keinen Anklang, der eventuelle aber wurde vom A. H. acceptirt und auch wohl mit vollem Rechte. Es ist für den Eigenthümer schon schlimm genug, daß ihm gegen seinen Wunsch und Willen das Eigenthum entzogen wird. Wenn er nun mit der ihm durch das Resolut der Regierung gewährten Entschädigung zufrieden ist, der Unternehmer aber gleichwohl gegen ihn einen Proceß anstrengt, wie soll er dazu kommen, die Kosten eines Processes zu bezahlen, den er gar nicht haben will und den er auch gar nicht in der Lage ist, von sich abwenden zu können? In diesem letzteren Umstande liegt eben der große Unterschied zwischen diesem und anderen gewöhnlichen Privatrechtsstreitigkeiten.

[78]) Man hat hier solche Nachtheile vor Augen gehabt, die erst nach längerer Zeit hervortreten z. B. wenn Wassertriebwerke oder überhaupt Wasserwerke in Frage kommen. Hier scheint die Gewährung einer längeren Frist allerdings dringend geboten. Z. B. es wird durch eine Anlage der Wasserlauf eines Baches verändert und dadurch einem Brunnen das Wasser entzogen.

[79]) Also nach der der Entscheidung der Bezirksregierung vorausgehenden Verhandlung des Commissarius mit den Interessenten, in welchen die Entschädigungsansprüche erörtert und festgestellt werden sollen.

[80]) Diese Frist ist eine Verjährungsfrist. Sie ist als solche auch in den Plenarberathungen des A. H. unbeanstandet bezeichnet worden und entspricht der zur Anstellung der Schadensklage im § 54 Tit. 6, Th. I. A. L. R. gewährten Frist.

les der Anlage[81]), durch welche er benachtheiligt wird[82]), ein

[81]) Früher war als Anfangspunkt der Verjährung der Act der Besitzeinweisung resp. der Enteignungserklärung bestimmt worden. Hiergegen wurde geltend gemacht, daß sich auch in diesem Zeitpunkte die eintretenden Nachtheile noch durchaus nicht immer übersehen ließen und deshalb der Antrag gestellt, die jetzige Fassung zu wählen. Nach eingehenden Debatten — vergl. die folgende Anm. — wurde der Antrag zurückgezogen und beschloß das A. H. die Enteignungserklärung als den Zeitpunkt des Beginnes der Verjährung zu bestimmen; das H. H. hat dem § 31 aber seine jetzige Fassung gegeben und ist er so zum Gesetz geworden. Man ging auch im H. H. davon aus, daß manche Anlagen, wie z. B. Eisenbahnen, doch mindestens 3 Jahre zur Fertigstellung gebrauchten, daß aber sehr häufig erst durch die Fertigstellung die Erkennbarkeit der Nachtheile möglich gemacht werde.

Es liegt nun aber auf der Hand, daß diese Fixirung des Anfangspunktes der Verjährung eine möglichst unsichere ist, denn wann ist eine Anlage als vollendet anzusehen? Eine genaue Feststellung dieses Zeitpunktes wird sehr häufig unendlich schwierig, ja nicht selten vielleicht ganz unmöglich sein.

[82]) Der Antrag, die Verjährung statt mit dem Acte der Enteignungserklärung mit dem Momente der Vollendung der Anlage beginnen zu lassen, scheint ursprünglich aus einer Verkennung der rechtlichen Natur der auf Grund dieses § 31 zu verfolgenden Schadensansprüche hervorgegangen zu sein, wenigstens zog der Abg. Windthorst denselben zurück, nachdem die rechtliche Natur dieser Ansprüche klar gelegt war.

Es sind drei Arten von Entschädigungsansprüchen denkbar, nämlich:

a) Ansprüche, auf Ersatz eines Schadens, welcher durch den Act der Expropriation zugefügt wird, und sofort erkennbar ist. Diese Ansprüche müssen innerhalb 6 Monaten im Rechtswege verfolgt werden. § 30.

b) Ansprüche auf Ersatz eines Schadens, der zwar gleichfalls durch die Thatsache der Expropriation zugefügt wird, der aber nicht sofort erkennbar hervortritt, der vielmehr erst nach dem zur Regulirung der Entschädigungsfrage stattgehabten Termine bemerkbar geworden ist. Auf diese Schadensansprüche allein bezieht sich der hier in Rede stehende § 31.

c) Ansprüche auf Ersatz eines Schadens, welcher durch die spätere mit dem eigentlichen Acte der Expropriation in gar keinem Zu-

im Rechtswege verfolgbarer persönlicher Anspruch gegen den Unternehmer[83]).

3. Vollziehung der Enteignung[84]).

§ 32.

Die Enteignung des Grundstücks wird auf Antrag des Unternehmers von der Bezirksregierung ausgesprochen, wenn der nach § 30 vorbehaltene Rechtsweg dem Unternehmer gegenüber durch Ablauf der sechsmonatlichen Frist, Verzicht

---

sammenhange mehr stehende Benutzung des enteigneten Grundstückes zugefügt wird. Z. B. wenn später durch Veränderungen der Anlage einem Nachbarn das Wasser entzogen wird, oder wenn durch die aus der Locomotive fliegenden Funken ein Waldbrand verursacht wird. Dies sind Schäden, die den Beschädigten unter Umständen auch ohne die Expropriation getroffen haben würden und die deshalb mit der letzteren selbst in gar keinem Zusammenhange mehr stehen. Hier ist die gewöhnliche Schadensklage innerhalb der in den allgemeinen Gesetzen bestimmten Fristen anzustellen.

[83]) Es war der Antrag gestellt worden, statt der Worte „persönlicher Anspruch an den Unternehmer" zu setzen: „verfolgbarer Anspruch gegen den Eigenthümer der Anlage," derselbe wurde indeß von der Comm. des A. H. (Session 1873/74) abgelehnt. Weshalb diese Ablehnung beliebt ist, ist nicht ersichtlich. Jedenfalls wird doch der Schadensanspruch gegen den Rechtsnachfolger des Unternehmers verfolgbar sein. Denn wie soll der Eigenthümer zu seinem Rechte kommen, wenn der Unternehmer zur Zeit, in der der Anspruch geltend gemacht wird, gar nicht mehr existirt? Es kann ja eine Actiengesellschaft das Unternehmen gegründet haben, die ihre Rechte an andere Personen abgetreten und sich demnächst aufgelöst hat. Wen soll der beschädigte Eigenthümer in diesem Falle in Anspruch nehmen?

[84]) Mit dem § 32 beginnt der dritte Abschnitt des Enteignungsverfahrens betreffend die Vollziehung oder thatsächliche Ausführung der Expropriation. Dieselbe setzt voraus:

a) daß das Regierungsresolut rechtskräftig ist, daß also die sechsmo-

oder rechtskräftiges Urtheil erledigt, und wenn nachgewiesen ist, daß die vereinbarte (§§ 16, 26) oder endgültig festgestellte Entschädigungs- oder Cautionssumme rechtsgültig[85]) gezahlt oder hinterlegt ist[86]).

Die Enteignungserklärung schließt, insofern nicht ein Anderes dabei vorbehalten wird, die Einweisung in den Besitz in sich[87]).

---

natliche Frist abgelaufen, oder daß die Betheiligten auf die Beschreitung des Rechtsweges ausdrücklich verzichtet haben und

b) daß die Entschädigungssumme gezahlt oder deponirt worden ist.

Uebrigens werden die in den §§ 32—35 der Regierung übertragenen Functionen im Gebiete der Kreisordnung von den Verwaltungsgerichten ausgeübt. — § 56.

[85]) Die Regierung soll nicht blos prüfen, ob überhaupt gezahlt ist, sondern sie soll insbesondere prüfen, ob auch richtig gezahlt ist und ob nicht gezahlt ist, wo zu deponiren gewesen wäre. Deshalb ist das Wort „rechtsgültig" hier eingeschoben.

[86]) Wie schon oben — Anm. 72 — bemerkt worden, ist es ein von allen Expropriationsgesetzgebungen anerkannter Grundsatz, daß erst dann, wenn die Bezahlung der Entschädigung erfolgt ist, dem Unternehmer das expropriirte Object übergeben wird. Vergl. Grünhut a. a. O. S. 254.

Neben dem wesentlichen Schutze für die Sicherheit des Eigenthums liegt hierin für den Unternehmer zugleich eine Veranlassung, die Zahlung nicht unnöthig zu verzögern. Was aber geschieht, wenn der Unternehmer gleichwohl mit der Zahlung unangemessen säumig ist? Zunächst trifft ihn die Verpflichtung, 5 pCt. Zinsen vom Tage der Enteignung ab zu zahlen, und wenn er gar die ihm im § 21 gestellte Frist verstreichen läßt, so findet der § 42 Anwendung.

[87]) Hat der Unternehmer bei der Regierung den Antrag auf Erlaß der Enteignungserklärung gestellt und zugleich die in al. 1 vorgeschriebenen Nachweise geführt, so spricht die Regierung die Enteignung aus und diese Erklärung vertritt die thatsächliche Einweisung in den Besitz. Man wies in der Comm. des A. H. bei der Berathung der jetzigen Fassung des Schlußsatzes des § 32 namentlich darauf hin, daß es dem Geiste der neuen Grundbuchgesetze entspreche, den Eigenthumsübergang nicht mehr von der Besitzübertragung, sondern nur von einer

§ 33.

Gleichzeitig mit der Enteignungserklärung hat die Regierung da, wo nach den bestehenden Gesetzen von dem Eigenthumsübergange [88]) Nachricht zu den Gerichtsacten zu

---

geeigneten Erklärung der Betheiligten abhängig zu machen. Mit Recht aber wurde hiergegen Seitens der Regierung bemerkt, daß die hier vorliegenden Verhältnisse mit den Grundbuchgesetzen gar nichts zu thun hätten, indem es hier dem Unternehmer vor allen Dingen darauf ankommen müsse, in den factischen Besitz gesetzt zu werden, es blieb indeß bei der beliebten Fassung.

Einen wesentlichen Nachtheil wird aber die letztere nicht schaffen, weil man jetzt dem Unternehmer, sobald die Enteignungserklärung ergangen ist, sämmtliche Rechte eines factischen Besitzers wird zusprechen müssen, insbesondere werden ihm also die possessorischen Klagen gegen den Eigenthümer zustehen. Vergl. folg. Anm.

[88]) In dem Ber. der X. Comm. des A. H. (Session 1871/72) ist über den § 33 Folgendes bemerkt worden:

Die Commission war der Ansicht, daß zweckmäßig hier der Inhalt der Vorlage anzuschließen sei, welcher bestimmt, was nach der Besitzeinweisung die Regierung wegen des Eigenthums-Ueberganges an die Grundbuch-Behörde zu verfügen hat. Um über Zeit und Art dieser Mittheilung Entscheid zu treffen, erkannte man als nothwendig, zunächst den Moment zu fixiren, wo das Eigenthum des enteigneten Grundstücks auf den Unternehmer übergeht, und mußte hierzu die Materie des § 44 mit zur Debatte gezogen werden.

Ein Theil der Commission hielt zum Eigenthums-Uebergange neben dem Einweisungs-Beschlusse noch eine reale Uebergabe für erforderlich, die Mehrheit aber konnte sich von der Nothwendigkeit einer solchen Maßregel nicht überzeugen, erachtete es für zutreffend, dem Einweisungs-Resolute die Wirkung der Eigenthums-Uebertragung beizulegen, und redigirte demgemäß den vorliegenden Paragraphen in genereller Fassung wie folgt:

> „Gleichzeitig mit der Besitz-Einweisung hat die Regierung da, wo nach den bestehenden Gesetzen von dem Eigenthums-Uebergange Nachricht zu den Gerichtsacten zu nehmen ist, oder wo zur Eintragung des Eigenthums-Ueberganges bestimmte öffentliche Bücher bestehen, der zuständigen Gerichts-

nehmen ist, oder wo zur Eintragung des Eigenthumsübergangs bestimmte öffentliche Bücher bestehen, der zuständigen Gerichts- oder sonstigen Behörde von der Enteignung Nachricht zu geben, beziehungsweise dieselbe um Bewirkung der Eintragung zu ersuchen[89]). Der Enteignungsbeschluß der Regierung steht hierbei dem Erkenntnisse eines Gerichts gleich[90]).

§ 34.

In dringlichen[91]) Fällen kann die Regierung auf Antrag des **Unternehmers** anordnen, daß noch vor Erledigung des Rechtsweges die Enteignung erfolgen solle, sobald die

---

oder sonstigen Behörde von der Enteignung Nachricht zu geben, beziehungsweise dieselbe um Bewirkung der Eintragung zu ersuchen. Der Einweisungs-Beschluß der Regierung steht hierbei dem Erkenntnisse des Gerichtes gleich."

Angenommen durfte hierbei werden, daß den Bezirks-Regierungen in den einzelnen Landestheilen wohl bekannt sei, für welche Stellen die angeführten Voraussetzungen zutreffen.

Das Eigenthum geht mit der Zustellung der Enteignungserklärung an den Unternehmer über. — § 44.

89) Vergl. hierzu § 2 der Grundbuch-O., wonach für die dem Staate gehörigen Grundstücke, für Eisenbahnen und öffentliche Landwege eine Eintragung der Regel nach nicht nothwendig ist. Aber die Abschreibung des expropriirten Theiles muß bei dem Hauptgrundstücke erfolgen. Vergl. die §§ 58 und 59 der Grd. B. O.

90) Die Fassung des § ist insofern nicht ganz correct, als es allerdings vorkommen kann, daß, da gleichzeitig mit der Zustellung der Enteignungserklärung der Grundbuchrichter requirirt werden soll, der letztere die Abschreibung und Eintragung bewirkt, noch bevor die Enteignungserklärung dem Eigenthümer zugestellt und bevor also das Eigenthum übergegangen ist. Ein Antrag, dieserhalb den § 33 anders zu fassen, wurde jedoch abgelehnt.

91) Darüber, ob der Fall der Dringlichkeit vorliegt, entscheiden lediglich die Verwaltungsbehörden, d. h. das Verwaltungsgericht, resp. die Regierung und in der Recursinstanz das Ministerium.

durch Regierungsbeschluß (§ 29) festgestellte Entschädigungs- oder Cautionssumme gezahlt oder hinterlegt worden.

Diese Anordnung kann unter Umständen auch von vorgängiger Leistung einer besonderen Caution abhängig gemacht werden[92]).

Gegen die Anordnung der Regierung in diesen Fällen steht innerhalb dreier Tage nach der Zustellung jedem Betheiligten der Recurs an die vorgesetzte Ministerialinstanz offen.

§ 35[93]).

Jeder Betheiligte kann binnen sieben Tagen nach dem

Das im § 35 zugelassene Rechtsmittel dient nur zur Sicherung des Eigenthümers, hat aber nicht den Zweck, die Entscheidung der Verwaltungsbehörden anzufechten.

[92]) Die Bestimmung in al. 2 ist aus der Erörterung der Frage hervorgegangen, wie es zu halten sei, wenn der Antrag auf Dringlichkeitserklärung erst angebracht worden, nachdem schon der Rechtsweg beschritten und in dem Processe schon ersichtlich geworden sei, daß dem Eigenthümer eine höhere Entschädigung zugesprochen werden würde.

[93]) Wenn auch anerkannt werden muß, daß Umstände eintreten können, welche eine Einweisung des Unternehmers in den Besitz auch noch vor der endgültigen Entscheidung des Entschädigungspunktes rechtfertigen, so ist es zum Schutze des Eigenthums doch für nothwendig erachtet worden, Vorkehrungen zu treffen, daß die erkennbaren Grundlagen einer gerechten und endgültigen richterlichen Festsetzung der Entschädigung durch die Besitzübertragung und resp. den Beginn der Ausführung des Unternehmens nicht zerstört, und daß also die von der Beschreitung des Rechtsweges erwarteten Resultate nicht vereitelt werden. Zu diesem Zwecke soll bei Gebäuden und künstlichen Anlagen, welche durch das Unternehmen eine Veränderung erleiden, der Zustand zur Zeit der Enteignung durch den Richter nach den Regeln der Beweisaufnahme zum ewigen Gedächtniß festgestellt werden. Ber. der X. Comm des A. H. (Session 1871/72).

Dieses Verfahren findet aber nur Anwendung bei Gebäuden und

ihm bekannt gemachten[94]), die Dringlichkeit aussprechenden Beschlusse verlangen, daß der Enteignung eine Feststellung des Zustandes von Gebäuden oder künstlichen Anlagen voraufgehe.

Dieselbe ist bei dem Gerichte der belegenen Sache (Amtsgerichte, Friedensgerichte) mündlich zu Protokoll oder schriftlich zu beantragen[95]).

Das Gericht hat den Termin schleunigst und nicht über sieben Tage hinaus anzuberaumen und hiervon die Betheiligten und die Regierung zeitig zu benachrichtigen.

Die Zuziehung eines oder mehrerer Sachverständigen kann auch von Amtswegen angeordnet werden. Sind die Parteien über die Sachverständigen nicht einig, so ernennt das Gericht dieselben.

Die Enteignung kann nicht vor Beendigung dieses Verfahrens erfolgen, von welcher das Gericht die Regierung zu benachrichtigen hat.

---

künstlichen Anlagen, ein Antrag auf Ausdehnung desselben, insbesondere auf die Enteignung bestellter Aecker, ist ausdrücklich abgelehnt worden.

[94]) Die Bekanntmachung geschieht unzweifelhaft auch in diesem Falle durch Zustellung des die Dringlichkeit aussprechenden Beschlusses.

[95]) Das Gericht wird zu prüfen haben, ob der Antragsteller die Frist von 7 Tagen gewahrt hat, damit es nicht unnütze und gänzlich überflüssige Beweisaufnahmen vornimmt. Aber wie soll der Eigenthümer diesen Nachweis führen? Der Behändigungsschein über die Zustellung befindet sich bei der Regierung. Er wird sich deshalb von der letzteren den Zeitpunkt der Insinuation besonders bescheinigen lassen müssen, aber ob die bei der Kürze der Zeit und der oft recht weiten Entfernung des Sitzes der Bezirksregierung immer rechtzeitig geschehen kann, ist zweifelhaft.

Voraussichtlich werden Zustellungen der hier in Rede stehenden Art wohl durch Requisition der Landrathsämter resp. der Amtsvorsteher bewirkt werden und damit vereinfacht sich das Verfahren. Denn diese Behörden sind leichter zugänglich und eine Bescheinigung über den Tag der Zustellung bietet hier keine Schwierigkeiten.

§ 36[96]).

Die Entschädigungssumme wird an denjenigen bezahlt, für welchen die Feststellung stattgefunden hat[97]).

Dieselbe wird in Ermangelung abweichender Vertragsbestimmungen von dem Unternehmer mit fünf Procent vom Tage der Enteignung verzinst, soweit sie zu dieser Zeit nicht bezahlt oder in Gemäßheit des § 37 hinterlegt ist.

---

[96]) Die Motive der Regierungsvorlage (1871/72) bemerken zu diesem Paragraph:

Die Entschädigungssumme ist dem Berechtigten nach rechtskräftiger Feststellung oder im Falle des § 34 in der von der Regierung vorläufig festgestellten Summe zu zahlen, oder eintretenden Falls zu deponiren. Es versteht sich von selbst, daß, wenn der Empfänger eine unfähige Person ist, die Zahlung an seinen gesetzlichen Vertreter erfolgen muß und nach den allgemeinen gesetzlichen Vorschriften zu bestimmen ist, wem die Zahlung zu leisten ist.

Wird die vorläufig festgestellte Entschädigungssumme später durch die definitive Entscheidung erhöht, so ist dieselbe vom Zeitpunkt der Einweisung des Unternehmers in den Besitz mit 5 pCt. zu verzinsen.

Dies entspricht den Vorschriften des § 221 Th. I, Tit. II. A. L. R., und Art. 20 des Gesetzes vom 8. März 1810; § 18 der Nassauischen Verordnung vom 12. Juni 1838; Art. 58 des Hannoverschen Eisenbahn-Gesetzes vom 8. September 1840. Eine weitergehende Verpflichtung zur Verzinsung, wie sie das Churhessische Gesetz vom 30. October 1834 § 11 vorschreibt, erscheint aus allgemeinen Rechtsgrundsätzen nicht gerechtfertigt. Der Procentsatz der Zinsen ist auf den in dem größten Theil der Monarchie bestehenden landesüblichen Zinssatz von 5 pCt. generell fixirt. Wenn die vorläufig festgestellte Entschädigungssumme durch rechtskräftige Entscheidung ermäßigt wird, so ist das zuviel Gezahlte dem Unternehmer ohne Zinsen, und wenn die Entschädigungssumme deponirt ist, mit den Depositalzinsen zurückzuzahlen.

[97]) Die Prüfung der Frage, an wen zu zahlen ist, also die Prüfung der Legitimation des Zahlungsempfängers liegt der Bezirksregierung ob. Vergl. oben Anm. 85 zu § 32. Es ergiebt sich dies, wie der Referent der Comm. des A. H. in der Plenarberathung, ohne von irgend einer Seite Widerspruch zu erfahren, hervorhob, aus dem Um-

Wird die durch Beschluß der Regierung festgesetzte Entschädigungssumme durch die gerichtliche Entscheidung herabgesetzt, so erhält der Unternehmer den gezahlten Mehrbetrag ohne Zinsen, den hinterlegten Mehrbetrag aber mit den davon in der Zwischenzeit etwa aufgesammelten Zinsen zurück.

§ 37[98]).

Der Unternehmer ist verpflichtet, die Entschädigungssumme zu hinterlegen[99]):

---

stande, daß die Commission in den letzten Satz des al. 1 § 32 das Wort „rechtsgültig", das in der Regierungsvorlage nicht enthalten war eingeschoben hat. Offenbar ist es auch Sache der Staatsbehörde, nicht, blos für die Zahlung überhaupt, sondern auch insbesondere dafür Sorge zu tragen, daß die Entschädigung in die Hand des Berechtigten gelangt. Vergl. Meyer a. a. O. S. 328. Gegen die Uebertragung der Legitimationsprüfungen, welche besondere juristische Kenntnisse voraussetzten, an die Regierungen, hat sich Thiel a. a. O. S. 152 u. ff. ausgesprochen.

Im Geltungsbereiche der Kreis-Ordn. vom 13. December 1872 liegt diese Prüfung den Verwaltungsgerichten ob.

98) Die Motive der Regierungsvorlage (1871/72) bemerken: Die Deposition der Entschädigungssumme erfolgt in allen Fällen, in denen dieselbe nach den allgemeinen gesetzlichen Vorschriften für zulässig erklärt ist. Zur Hebung von Zweifeln sind die Fälle, in denen die Ansprüche an die Entschädigungssumme nicht feststehen, oder wenn die Qualität des Grundstücks die freie Disposition des Eigenthümers hindert (zu denen in Oberhessen die dem Erbgutsverbande unterliegenden Grundstücke gehören, § 14 des Ges. vom 11. September 1858, die landwirthschaftlichen Erbgüter betreffend) oder wenn auf dem enteigneten Grundstücke Realansprüche an den Hypotheken haften, besonders hervorgehoben.

Das zweite Alinea setzt den Ort der Deposition nach den bestehenden Gesetzen fest. — § 214 Th. I, Tit. 10. A. L. R. § 25 der Verordnung vom 2. Januar 1849 (G. S. S. 1). Art. 25 des Ges. vom 28. Mai 1810, Ges. vom 24. Januar 1861 (G. S. 1862, S. 1) § 10 des Churhessischen Gesetzes vom 30. October 1834, § 98 des Hannoverschen Gesetzes vom 20. Juni 1851, Nassauisches Gesetz vom 24. December 1848 und 14. April 1840.

1. wenn neben dem Eigenthümer Entschädigungsberechtigte vorhanden sind, deren Ansprüche an die Entschädigungssumme zur Zeit nicht feststehen;
2. wenn das betreffende Grundstück Fideicommiß oder Stammgut ist, oder im Lehn- oder Leiheverbande steht;
3. wenn Reallasten, Hypotheken oder Grundschulden auf dem betreffenden Grundstück haften.

Die Hinterlegung erfolgt bei derjenigen Stelle, welche für den Bezirk der belegenen Sache zur Annahme von Hinterlegungen der betreffenden Art, beziehungsweise von gerichtlichen Hinterlegungen bestimmt ist.

Ueber die Rechtmäßigkeit der Hinterlegung findet ein gerichtliches Verfahren nicht statt. Jeder Betheiligte kann sein Recht an der hinterlegten Summe gegen den dasselbe bestreitenden Mitbetheiligten im Rechtswege geltend machen. Soweit nach dem Rechte einzelner Landestheile ein gericht-

---

Das letzte Alinea ist in Folge der Berathungen in der Comm. des A. H. hinzugefügt, um die Deposition, ohne das im Geltungsbezirk des gemeinen Rechts übliche, der Deposition vorangehende contradictorische Verfahren zu ermöglichen.

[99]) Das O. Tr. III. hat am 6. October 1873 bezüglich der rechtlichen Natur der Deposition des Expropriationspreises folgenden Ausspruch gethan:

> Die Deposition des durch das Expropriationsresolut festgesetzten Preises eines im Interesse einer Eisenbahngesellschaft zur Expropriation gezogenen Grundstücks gilt dem Expropriaten gegenüber der erfolgten Zahlung gleich, so daß derselbe den deponirten Taxpreis aus dem Depositorium sich auszahlen lassen mag, nicht aber verlangen kann, daß die Eisenbahngesellschaft diesen Betrag noch einmal an ihn zahle. Str. Arch. 89 S. 322.

Diese Entscheidung hat für die Dringlichkeitsfälle (§ 34) noch heute ihre Bedeutung, weil in diesen noch die Besitzentziehung vor der richterlichen Feststellung der Entschädigung stattfindet. Vergl. hierzu das Erk. des O. Tr. III. vom 17. März 1871 — Str. Arch. 81 S. 224 —

liches Vertheilungsverfahren in derartigen Fällen stattfindet, behält es dabei sein Bewenden.

§ 38.

Ist nur ein Theil des Grundbesitzes enteignet, so stehen der Auszahlung der für den enteigneten Theil bestimmten Entschädigungssumme die auf dem gesammten Grundbesitz haftenden Hypotheken und Grundschulden nicht entgegen, wenn dieselben den fünfzehnfachen Betrag des Grundsteuer-Reinertrages des Restgrundbesitzes nicht übersteigen. Reallasten, welche der Eintragung in das Grundbuch bedürfen, werden hierbei den Hypotheken gleich geachtet und in entsprechender Anwendung der bei nothwendigen Subhastationen geltenden Grundsätze zu Capital veranschlagt[100]).

---

welches ausspricht, daß die gerichtliche Deposition der Zahlung nicht ohne Weiteres gleich stehe.

100) Die A. C. O. vom 8. August 1832 setzte die Summe, welche ohne Consens der Realberechtigten ausgezahlt werden sollte, bei Rittergütern auf 200 Thlr. und bei anderen Grundstücken auf 10 Thlr. fest und ließ auch die Zahlung höherer Beträge zu, wenn die eingetragenen Creditoren nach Abzug der expropriirten Parcellen noch innerhalb der ersten Werthshälfte, resp. innerhalb der ersten Zweidrittel des Gutswerths eingetragen standen. In dem Gesetz vom 21. Mai 1861, § 23 — G. S. pag. 337 — ist die Zahlung der Entschädigung für die Aufhebung der Grundsteuerbefreiung bei Summen von 25 Thlr. ohne Consens für zulässig erklärt und diese letztere Bestimmung enthielt auch der frühere Entwurf. Derselbe erfuhr demnächst in Folge der Commissionsberathungen des A. H. in der Session 1871/72 eine Abänderung, indeß die VIII. Comm. (1873/74) billigte auch diese letztere nicht, sondern wählte die gegenwärtige Fassung. Man meinte, daß der Gedanke der Regierungsvorlage zwar für Reallasten, Fideicommisse, Stammgut-, Lehn- und Leiheverhältnisse passe, daß aber für Hypotheken und Grundschulden ein anderes Princip aufzustellen sei, indem es bei diesen weniger darauf ankomme, in welchem Verhältniß der Werth des enteigneten Theiles zu dem Ganzen stehe, als vielmehr darauf, in

Auch wird bei einer solchen theilweisen Enteignung die Auszahlung der für den enteigneten Theil bestimmten Entschädigungssumme durch nicht eingetragene Reallasten, Fideicommiß-, Stammgut-, Lehn- oder Leiheverband des gesammten Grundbesitzes nicht gehindert, wenn die gedachte Entschädigungssumme den fünffachen Betrag des Grundsteuerreinertrags des gesammten Grundbesitzes und auch die Summe von dreihundert Mark nicht übersteigt.

---

welchem Verhältniß der Werth des Restgrundbesitzes zu der Höhe der Hypothek stehe. Man nahm an, daß der Werth eines Grundstückes mindestens zum 45fachen Betrage des Grundsteuerreinertrages zu veranschlagen sei und daß daher, wenn die Hypothek nicht mehr als das 15fache des Grundsteuerreinertrages des Restgrundbesitzes ausmache, dieselbe noch dreifache Deckung behalte, so daß unbedenklich alsdann die Auszahlung der Entschädigung für den enteigneten Theil erfolgen könne.

Der Schlußsatz des al. 1 verdankt seine gegenwärtige Fassung einem Antrage des Abg. Beisert, welcher folgendermaßen motivirt wurde:

„Der Antrag hat lediglich den Zweck, eine Ungerechtigkeit zu beseitigen, welche aus dem al. 2 dieses Paragraphen sich ergeben kann. Im al. 1 ist adäquat zum Ausdruck gelangt der Gedanke, welcher dem ganzen Paragraphen zu Grunde liegt, nämlich daß die Realinteressenten dann zu der Auszahlung der Summe nicht zugezogen zu werden brauchen, wenn ihre Rechte keine Gefahr laufen bei der Auszahlung der Summe an den Eigenthümer. Man hat angenommen, sie laufen dann keine Gefahr, wenn das Restgrundstück noch so viel Werth hat, daß es, eine depositalmäßige Sicherheit bietet; das ist der Sinn des fünfzehnfachen Grundsteuerreinertrags. Nur die Hypotheken- und Grundschuldgläubiger sind aber im ersten Alinea genannt. Es scheint aber nothwendig, daß die Reallasten, die von einer Subhastation berührt werden die bei der Vertheilung der Kaufgelder in einer nothwendigen Subhastation mit den Hypotheken- und Grundschuldgläubigern in Concurrenz treten, diesen letzteren gleich behandelt werden. Unter diesen Reallasten spielt der Altentheil eine Hauptrolle. Man nehme z. B. ein Grundstück von 20 Morgen, das ungefähr einem Reinertrage von 20 Thalern entsprechen würde und das hinter 600 Thalern

Die Auszahlung laufender Nutzungen der Entschädigungssumme kann ohne Rücksicht auf die vorgedachten Realverhältnisse erfolgen.

4. Allgemeine Bestimmungen.

§ 39.

Alle Vorladungen und Zustellungen im Enteignungsverfahren sind gültig, wenn sie nach den für gerichtliche Behändigungen bestehenden Vorschriften erfolgt sind. Die vereideten Verwaltungsbeamten haben dabei den Glauben der zur Zustellung gerichtlicher Verfügungen bestellten Beamten[101]).

§ 40.

Verwaltungsbehörden und Gerichte haben die Beweisfrage unter Berücksichtigung aller Umstände nach freier Ueberzeugung zu beurtheilen[102]).

Hypotheken noch mit einem Altentheil belastet ist, dann würde für den letzteren ein Ueberschuß von etwa 400 Thlr. des Grundstückswerthes als Sicherheit bleiben. Wird nun eine Parcelle expropriirt, welche einen Preis von 100 Thlr. ergiebt, so kann der Altentheilsberechtigte nicht widersprechen, denn diese 100 Thlr. hielten sich innerhalb des fünfzehnfachen Grundsteuerreinertrages, aber eine Sicherheit hätte er nicht mehr. Die Hypothekengläubiger aber könnten Widerspruch erheben.

[101]) Für das Geltungsgebiet der A. G. O. vergl. Tit. 7, Th. I. A. G. O., Tit. 13 § 58 u. ff. ibid. und die V. O. vom 5. Mai 1838 wegen Einführung des gleichmäßigen Verfahrens bei der Insinuation richterlicher Erkenntnisse — G. S. pag. 273. —

[102]) Die X. Comm. des A. H. (Session 1871/72) berichtete über diesen Paragraph wie folgt:

Der Entwurf legt an verschiedenen Stellen sowohl der Regierung wie dem Gericht die Befugniß bei, das Ergebniß der Begutachtung durch Sachverständige nach freiem Ermessen zu würdigen.

Ein Theil der Comm. hielt dies nur für ein Erforderniß im Falle des § 13, Beurtheilung von dolose gemachten Anlagen, weil da

§ 41.

Wo dieses Gesetz die Anordnung einer Caution vorschreibt oder zuläßt, ist gleichwohl der Fiscus von der Cautionsleistung frei.

§ 42.

Wenn der Unternehmer von dem ihm verliehenen Enteignungsrechte nicht binnen der in § 21 gedachten Zeit Gebrauch macht, oder von dem Unternehmen zurücktritt, bevor die Festsetzung der Entschädigung durch Beschluß der Regierung erfolgt ist, so erlischt jenes Recht. Der Unterneh-

---

ein voller Beweis der Sache nach nicht denkbar sei, verwarf das Princip aber im Uebrigen, weil keine Veranlassung vorliege, präsumtiv gewissenhafte Gutachten nun bei Seite zu lassen.

Ein anderer wollte die Bestimmung nur fürs Gericht aufrecht halten, nicht für die Regierung, deren Entscheidung ja nur eine vorläufige sei.

Die überwiegende Mehrheit der Commission aber war mit dem Gedanken durchaus einverstanden. Sie erachtete dafür, daß eine Kritik verschiedener sachverständiger Gutachten unvermeidlich sei, bloße Summirung der Zahlen kein richtiges Resultat gebe, und daß, um zu einem solchen zu gelangen, der Behörde die Befugniß beigelegt werden müsse, offenbare Irrthümer der Sachverständigen zu berichtigen, die doch vorkommen könnten. Das sachverständige Gutachten werde immer ein moralischer Zwang für die Behörden bleiben, andrerseits das Bewußtsein solch höheren Superarbitriums günstig auf die Sachverständigen zurückwirken. Freiem Ermessen des Gerichts gegenüber die Verwaltungs-Behörde einzuschränken, empfehle sich durchaus nicht. Es könnte dies zu exorbitanten Schätzungen im administrativen Verfahren und Hindrängen des Unternehmers zum Processe führen. Parteiische Anwendung sei von der Verwaltungs-Behörde so wenig wie vom Gerichte zu besorgen. Der in der Vorlage gebrauchte Ausdruck erscheine sogar zu eng. In den Fällen der §§ 8 ff. daselbst werde oft Zeugenbeweis zu erheben sein, der dann doch auch consequenter Weise frei beurtheilt werden müsse. Die Commission gab dem Paragraphen daher die gegenwärtige, allgemeinere Fassung.

mer haftet in diesem Falle den Entschädigungsberechtigten im Rechtswege für die Nachtheile, welche denselben durch das Enteignungsverfahren erwachsen sind[103]).

[103]) Die Motive zur Reg. Vorlage bemerkten:

Der § 42 spricht die Pflicht des Unternehmers zur Entschädigung der von dem Expropriationsrecht betroffenen Berechtigten auch für den Fall aus, daß das Unternehmen nicht zu Stande kommt. Hierbei sind die beiden Fälle unterschieden:

1. wenn der Unternehmer innerhalb der ihm von der Verwaltungs-Behörde gestellten Frist von dem Expropriationsrecht keinen Gebrauch macht, oder seinen Antrag um vorläufige Feststellung der Entschädigung zurücknimmt, und
2. wenn er das Unternehmen nach vorläufiger oder definitiver Feststellung der Entschädigung aufgiebt.

Im ersteren Falle steht dem Berechtigten lediglich ein Klagerecht auf Ersatz der Nachtheile zu, im zweiten Falle dagegen auch die Befugniß, die Fortsetzung des Enteignungsverfahrens zu verlangen.

In der Comm. des A. H. (Session 1871/72) erhob sich nun darüber eine Meinungsdifferenz, wie die executivische Ausführung des dem Eigenthümer nach al. 2 zustehenden Rechts zu erfolgen habe.

Von einer Seite nahm man an, daß dies auch durch die Regierung geschehen müsse, die ja überhaupt an die Stelle des Gerichts getreten sei. Von anderer Seite aber wurde entgegnet:

Die Action, welche das Gesetz (§ 32) der Regierung nach Eintritt des Gerichts in das Enteignungs-Verfahren beilege, beschränke sich darauf, vom Unternehmer den Nachweis zu fordern, daß er nach dem Gerichts-Urtel gezahlt oder deponirt habe und ihn dann in den Besitz einzuweisen. Es liege kein Bedürfniß vor, diese Ausnahme von dem Grundsatze, daß civilrechtliche Executionen vom Gericht zu vollstrecken, zu verallgemeinern. Deshalb empfehle es sich, den Expropriaten behufs zwangsweiser Durchführung seines Anspruchs lediglich ans Gericht zu verweisen. Gründe der Anspruch sich auf gerichtliches Urtel, so geschehe dies durch Antrag auf Executions-Vollstreckung, basire er aber nur auf dem Verwaltungs-Resolute, so sei der Weg einer Klage erforderlich aus dem Fundamente des Regierungs-Entscheides.

In diesem Sinne wurde deßhalb al. 2 in folgender Fassung angenommen:

„Die Entschädigungsberechtigten können, sofern die Ent-

Tritt der Unternehmer zurück, nachdem bereits die Feststellung der Entschädigung durch Beschluß der Regierung erfolgt ist, so hat der Eigenthümer die Wahl, ob er lediglich Ersatz für die Nachtheile, welche ihm durch das Enteignungsverfahren erwachsen sind, oder Zahlung der festgestellten Entschädigung gegen Abtretung des Grundstücks geeignetenfalls nach vorgängiger Durchführung des im § 30 gedachten Proceßverfahrens im Rechtswege beanspruchen will.

§ 43.

Die Kosten des administrativen Verfahrens trägt der Unternehmer. Bei demselben kommen nur Auslagen, nicht aber Stempel und Sporteln zur Anwendung und können die Entschädigungberechtigten Ersatz für Wege und Versäumnisse nicht fordern[104]).

---

schädigung nicht bereits endgültig festgestellt ist, das im § 30 gedachte Proceß-Verfahren verfolgen, und in allen Fällen Zahlung der festgestellten Entschädigung gegen Abtretung des Grundstücks im Rechtswege beanspruchen."

In der Session 1873/74 aber wurde beschlossen,

daß es auch in dem Falle des Abs. 2 dem Eigenthümer zustehen müsse, dem zurücktretenden Unternehmer gegenüber sein Grundstück zu behalten und lediglich, wie in dem Falle des Abs. 1, Schadenersatz wegen der ihm durch das Enteignungsverfahren entstandenen Nachtheile zu fordern. Demgemäß ist der Abs. 2 umgestaltet.

[104]) Auch hinsichtlich des Kostenpreises muß das Enteignungs- von dem Entschädigungsverfahren auseinander gehalten werden. Die Kosten des ersteren fallen selbstverständlich dem Enteigner zur Last, weil dies ganze Verfahren lediglich eine Folge seines Enteignungantrages und zugleich auch das nothwendige Mittel zur Geltendmachung seiner Rechte ist; — Grünhut a. a. O. S. 259, Meyer a. a. O S. 330. — Die Kosten des Entschädigungsverfahrens dagegen sind dem Exproprianten nur dann aufzulegen, wenn er vom Eigenthümer keine oder eine durchaus ungenügende Entschädigung angeboten hat; im entgegengesetzten

Im processualischen Verfahren werden die Kosten und Stempel taxmäßig berechnet[105]).

Die Kosten des im § 35 erwähnten Verfahrens sind vom Antragsteller vorzuschießen. Ueber die Verbindlichkeit zur endlichen Uebernahme dieser Kosten ist im nachfolgenden Rechtsstreit zu entscheiden. Im Bezirke des Appellations-Gerichtshofes zu Cöln werden die Gebühren für die betreffenden Verrichtungen des Friedensgerichts nach der Taxe für die Friedensgerichte vom 23. Mai 1859 (G. S. S. 309) berechnet.

Sämmtliche übrigen Verhandlungen vor den Gerichten, Grundbuch- und Auseinandersetzungsbehörden, einschließlich der nach § 17 eintretenden freiwilligen Veräußerungsgeschäfte über Grundeigenthum innerhalb des vorgelegten Planes, sowie einschließlich der Quittungen und Consense der Hypothekengläubiger und sonstigen Betheiligten, sind gebühren- und stempelfrei. Auch werden keine Depositalgebühren angesetzt.

Soweit diese Verhandlungen vor den Notaren vorgenommen werden, sind sie stempelfrei.

Falle aber, wenn nämlich dem Eigenthümer also eine angemessene Entschädigung angeboten ist und er dieselbe ohne Grund zurückgewiesen hat, müssen diesem auch die Kosten zur Last fallen.

Vergl. Meyer S. 330 u. Grünhut S. 259.

105) Das Preuß. Gesetz trennt aber bezüglich der Kosten nicht das Enteignungs- und Entschädigungsverfahren, sondern wenig rationell das administrative und das gerichtliche.

Die Kosten des ersteren soll stets der Unternehmer tragen, aber zu Unrecht, denn wenn er dem Eigenthümer eine angemessene Entschädigung geboten, und dieser dieselbe aus Eigensinn zurückgewiesen hat, aus welchem Grunde soll jener dann die vielleicht kostspieligen Taxen bezahlen?

Die Kosten des Proceßverfahrens regeln sich nach den allgemeinen

Titel IV.

Wirkungen der Enteignung.

§ 44.

Mit Zustellung des Enteignungsbeschlusses[106]) (§ 32) an Eigenthümer und Unternehmer geht das Eigenthum des enteigneten Grundstücks auf den Unternehmer über[107]).

Gesetzen mit der in dem § 30 enthaltenen Ausnahme. Vergl. oben Anm. 77.

[106]) Die frühere Reg. Vorlage bezeichnete die Einweisung des Unternehmers in den Besitz als den Zeitpunkt des Eigenthumsüberganges. Die X. Comm. des A. H. (Session 1871/72) gab dem § 44 al. 1 aber seine jetzige Fassung. Vergl. oben Anm. 87 zu § 32.

Ueberall, wo also jetzt ein Grundstück expropriirt, d. h. also wirklich zwangsweise enteignet wird, geht das Eigenthum mit Zustellung des Enteignungsbeschlusses über und ist das geltende gemeine Recht dadurch abgeändert.

Ist dagegen ohne Dazwischenkunft der Regierung ein Vertrag über die Veräußerung geschlossen, so erscheint derselbe, da die Veräußerung gegen Geldäquivalent erfolgt, formell als Kaufvertrag, wenn auch der Beweggrund zu dessen Abschließung in der Nothwendigkeit der Abtretung liegt, und es empfiehlt sich deshalb, den Zeitpunkt des Uebergangs nach den Grundsätzen zu fixiren, der nach den in den einzelnen Landestheilen geltenden Gesetzen für den Uebergang des Eigenthums bei Kauf-Verträgen festgesetzt ist. Dies ist im § 46 ausgesprochen.

— cfr. Erkenntniß des Ober-Tribunals vom 1. Mai 1857. Entscheid. Bd. 35, S. 390. —

[107]) Der privatrechtliche Character der Expropriation ist außerordentlich bestritten. Während das Obertrib. in der in der vor. Anm. erwähnten Entscheidung und auch sonst die Expropriation als Kauf aufgefaßt hat, hat namentlich Thiel a. a. O. S. 4 u. ff. die Richtigkeit dieser Ansicht sehr eingehend bekämpft. Zu verkennen ist auch nicht, daß bei der Expropriation so ziemlich alle rechtlichen Momente fehlen, die bei dem Kaufe zutreffen. Von dem Abschluß eines Vertrages kann schon um deßwillen bei der Expropriation nicht wohl die Rede sein, weil die Uebereinstimmung des Willens fehlt. Ebensowenig liegt dem

Erfolgt die Zustellung an den Eigenthümer und Unternehmer nicht an demselben Tage, so bestimmt die zuletzt erfolgte Zustellung den Zeitpunkt des Ueberganges des Eigenthums.

Expropriaten die Pflicht ob, das veräußerte Grundstück zu übergeben, — vergl. oben Anm. 87 zu § 32 — oder dem Käufer (Exproprianten) Gewähr zu leisten. Auch von dem Einwande der laesio enormis kann selbstverständlich nicht Gebrauch gemacht werden. Aber trotz alledem ist, wenn die Expropriation nun einmal von einem privatrechtlichen Gesichtspunkte aus betrachtet werden soll, der des Kaufes immer noch der befriedigendste.

Denn mit der Ausführung, die Expropriation sei ein einseitiger Staatsact, ist für die Frage nach der privatrechtlichen Natur derselben nichts gewonnen. Auch die Erklärung von Meyer a. a. O. S. 190, die Enteignung sei ein Quasicontract, dessen Typus bei der Geldentschädigung der Kauf, bei einer Naturalentschädigung der Tausch und bei vorübergehender Benutzung auch Pacht oder Miethe sein können, ist für die practische Handhabung wenig brauchbar. — Vergl. auch Förster, Theorie und Praxis (2. Ausg.) Bd. 2 S. 144 Anm. 23 u. Anm. 35.

Das Allg. Landr. geht wohl unzweifelhaft davon aus, daß der rechtliche Character der Expropriation auf den Kauf zurückzuführen sei. Dafür spricht schon die system. Einweisung des Instituts in den Tit. 11 und diese Auffassung wird auch nach dem neuen Gesetze noch eine durchaus berechtigte sein. In dem ersten Entwurf vom Jahre 1864 war in dem dem jetzigen § 44 entsprechenden § 35 sogar ausdrücklich bestimmt, daß Eigenthum, Gefahr und Nutzungen nach den für den Kaufvertrag vorgeschriebenen Grundsätzen auf den Unternehmer übergehen sollten und daß diese rechtliche Anschauung nicht aufgegeben ist, ist nach den Motiven zu den späteren Regierungsvorlagen — vergl. oben Anm. 6 am Ende — ziemlich klar.

Für die Natur des Kaufs entscheidet sich auch Förster a. a. O. Bd. 2 S. 145, während Grünhut der Annahme eines Kaufes lebhaft entgegentritt und die Ansicht ausspricht, daß die Enteignung vom Standpunkte der Obligation überhaupt nicht zu erklären sei, indem das Eigenthum kraft des Gesetzes auf den Enteigner übergehe, ohne daß dieser Uebergang durch ein obligatorisches Verhältniß vermittelt werde, a. a. O. S. 178 u. ff.

Diese Vorschrift gilt auch in den Landestheilen, in denen nach den allgemeinen Gesetzen der Uebergang des Eigenthums von der Einschreibung in die Grundbücher oder von der Einreichung des Vertrages bei dem Realrichter abhängig gemacht ist[108]).

§ 45.

Das enteignete Grundstück wird mit dem in § 44 bestimmten Zeitpunkt von allen darauf haftenden privatrechtlichen Verpflichtungen frei, soweit der Unternehmer dieselben nicht vertragsmäßig übernommen hat[109]).

Die Entschädigung tritt rücksichtlich aller Eigenthums-,

---

[108]) Die genaue Feststellung des Zeitpunktes des Eigenthumsüberganges ist erheblich, denn bis zu diesem Augenblicke ist der Expropriat berechtigt, jeden Eingriff des Exproprianten in sein Eigenthum mit der Besitzstörungsklage zurückzuweisen.

Erk. des O. Tr. III. vom 20. Januar 1865, Str. Arch. 58 S. 102 und vom 19. November 1869, Str. Arch. 77 S. 40.

[109]) Der Zweck der Enteignung ist, die Sache dem öffentlichen Gebrauch zu übergeben und mit diesem Zwecke ist die Fortdauer der auf dem Grundstücke lastenden Servituten, Reallasten ꝛc. der Regel nach ganz unvereinbar. Das Grundstück wird, wie Thiel a. a. O. S. 40 bemerkt, gewissermaßen eine res extra commercium und kann also fernerhin den öffentlichen und privatrechtlichen Lasten nicht unterworfen bleiben.

Ueber die Art und Weise, in welcher die Ablösung der Realberechtigungen erfolgt, vergl. § 49.

Wegen der Grundsteuer, Gemeindesteuer und Deichlasten sind keine besonderen Bestimmungen getroffen, da sich diese nach den allgemeinen Landesgesetzen regeln.

Was die Rechte der Nießbraucher, Pächter und anderer Nutzungsberechtigter anlangt, so ist auch bezüglich dieser keine bestimmte Anordnung getroffen. Die Streitigkeiten derselben sind im Rechtswege zum Austrage zu bringen. Vergl. auch § 30 al. 1 und die Erk. des O. Tr. oben in Anm. 30 zu § 11.

Nutzungs- und sonstigen Realansprüche, insbesondere der Reallasten, Hypotheken und Grundschulden an die Stelle des enteigneten Gegenstandes[110]).

§ 46.

Ist die Abtretung des Grundstücks durch Vereinbarung zwischen Unternehmer und Eigenthümer erfolgt und zwar in Gemäßheit des § 16 unter Durchführung des Enteignungsverfahrens oder in Gemäßheit des § 26, so treten die rechtlichen Wirkungen des § 45 auch in diesem Falle ein. Hypotheken- und Grundschuldgläubiger, sowie Realberechtigte können jedoch, soweit ihre Forderungen durch die zwischen Unternehmer und Eigenthümer vereinbarte Entschädigungssumme nicht gedeckt werden, deren Festsetzung im Rechtswege gegen den Unternehmer fordern, wobei die Beweisvorschriften der §§ 30 und 40 zur Anwendung kommen.

§ 47.

War das enteignete Grundstück Fideicommiß- oder Stammgut, oder stand dasselbe im Lehn- oder Leiheverbande, so ist — mit Ausnahme des § 38 vorgesehenen Falles —

---

110) Die Realberechtigten können also diejenigen Rechte, welche sie an dem enteigneten Grundstücke geltend machen konnten, nach der Enteignung auf die Entschädigungsgelder geltend machen, gleichviel, ob ihre Rechte durch Vertrag, oder durch Beschluß der Regierung oder Erkenntniß des Gerichts festgesetzt sind.

Dem Eigenthümer belasteter Grundstücke können deßhalb ohne Bewilligung der Hypothekengläubiger und Realberechtigten die Entschädigungsgelder nicht ausgezahlt werden. (Motive.)

Ist bei Chausseebauten eine Entschädigung in einem anderen Grundstücke gewährt worden, so gehen alle Rechte und Lasten von dem expropriirten Grundstücke auf dieses ipso jure über.

Vergl. Erk. des O. Tr. vom 14. Februar 1853. Entschd. 24 S. 403.

der Besitzer über die Entschädigungssumme nur nach den Vorschriften zu verfügen berechtigt, welche in den verschiedenen Landestheilen für die Verfügungen über derartige Güter und die an deren Stelle tretenden Capitalien maßgebend sind.

§ 48.

War das enteignete Grundstück mit Reallasten, Hypotheken oder Grundschulden behaftet, so kann — mit Ausnahme des § 38 vorgesehenen Falles — der Eigenthümer über die Entschädigungssumme nur verfügen, wenn die Realberechtigten einwilligen.

§ 49.

Der Eigenthümer des Grundstücks ist jedoch in den Fällen der §§ 47 und 48 befugt, wegen Auszahlung oder Verwendung der hinterlegten Entschädigungssumme die Vermittelung der Auseinandersetzungsbehörden für Regulirung gutsherrlicher und bäuerlicher Verhältnisse, Ablösungen und Gemeinheitstheilungen in Anspruch zu nehmen[111]).

Die Auseinandersetzungsbehörde hat die bei ihr eingehenden Anträge nach den Bestimmungen zu beurtheilen und zu erledigen, welche wegen Wahrnehmung der Rechte dritter Personen bei Verwendung der Ablösungscapitalien in den §§ 110 bis 112 des Gesetzes vom 2. März 1850, betreffend die Ablösung der Reallasten und Regulirung der

---

111) Der Eigenthümer kann also vor der Auseinandersetzungsbehörde nachweisen, daß er durch Meliorationen den Werth des Grundstückes um mehr erhöht habe, als die deponirte Entschädigungssumme für einen im Wege der Enteignung davon abgetrennten Theil beträgt und dadurch zur Disposition über die deponirte Summe gelangen. Comm. Ber. des A. H. 1871/72.

gutsherrlichen und bäuerlichen Verhältnisse, ertheilt worden sind.

Diese Vorschrift kommt in den Landestheilen des linken Rheinufers, in der Provinz Hannover und in Theilen des Regierungsbezirks Wiesbaden, in welchen die Verordnungen vom 13. Mai 1867 (G. S. S. 716) und 2. September 1867 (G. S. S. 1463) nicht eingeführt sind, nicht zur Anwendung, vielmehr bleibt es hier bei den bisher bestehenden Vorschriften.

Titel V.

Besondere Bestimmungen über Entnahme von Wegebaumaterialien [112]).

§ 50.

Die zum Bau und zur Unterhaltung [113]) öffentlicher

---

[112]) Der § 50 des Reg. Entw. vom Jahre 1868 enthielt die Bestimmung, daß das Gesetz keine Anwendung finde auf die gesetzlichen Beschränkungen des Eigenthums und zu den letzteren wurde Inhalts der Motive auch die in der Allerh. C. O. vom 11. Juni 1825 ausgesprochene Verpflichtung zur unentgeltlichen Hergabe von Feldsteinen und Kies zu Chausseebauten gerechnet.

Die damalige (VIII.) Comm. des H. H. aber meinte, daß die gedachte C. Ordre durch das Gesetz aufgehoben sei, oder daß doch, wenn dies zweifelhaft erscheine, die Aufhebung ausdrücklich ausgesprochen werden müsse und beschloß deßhalb, die A. C. O. vom 11. Juni 1825 in den damaligen § 52 des Ges. aufzunehmen, welcher ein Verzeichniß der aufgehobenen Gesetze enthielt. Das Plenum des H. H. genehmigte auch diesen Beschluß.

Die Regierung hielt zwar in dem Entwurfe von 1869 an ihrer Ansicht fest, das H. H. aber erachtete nichts desto weniger die mehrerwähnte C. O. wiederum für aufgehoben und beschloß nunmehr einen Zusatz zu dem damaligen § 45 folgenden Inhalts:

Wege (mit Ausschluß der Eisenbahnen[114])) erforderlichen

„Ingleichen werden Unsere Ordre vom 11. Juni 1825, sowie alle sonstigen gesetzlichen Vorschriften wegen Hergabe von Materialien zum Wege- und Eisenbahnbau insoweit aufgehoben, als durch diese gesetzlichen Vorschriften die Leistung eines Entgelts ausgeschlossen ist."

Die Comm. des A. H. (Session 1869) gelangte indeß dem Beschlusse des H. H. gegenüber zu einer anderen Ansicht und entschied sich für folgende Bestimmungen:

1. daß die Verpflichtung, Materialien überhaupt zum Wegebau herzugeben, fortzubestehen habe, wie dies bisher in den einzelnen Landestheilen Rechtens sei;
2. daß eine gleiche Verpflichtung anderen Unternehmen, z. B. Eisenbahnen gegenüber, nicht anzunehmen, bei diesen vielmehr die Grundsätze des Expropriationsverfahrens maßgebend seien;
3. daß für die zu Wegebauten gegebenen Materialien stets Entschädigung zu gewähren sei, insoweit dieselben überhaupt bei Inangriffnahme des Wegebaues einen Verkaufswerth in der Gegend haben;
4. daß die Entschädigung nach Maßgabe dieses Kaufwerthes zu gewähren sei, selbstredend außer derjenigen für die etwaige sonstige Beschädigung an Grund und Boden;
5. daß das für die Entnahme von Wegebau-Materialien bis jetzt übliche einfache Verfahren im Interesse des Wegebaues vorläufig beibehalten werde, und proponirte deshalb an Stelle des zweiten vom Herrenhause beschlossenen Alinea zum § 45 der Regierungsvorlage, § 47 der Herrenhaus-Beschlüsse, folgende Bestimmung zu setzen:

   die Cabinets-Ordre vom 11. Juni 1825 (G. S. S. 152), sowie alle sonstigen gesetzlichen Vorschriften wegen Hergabe von Materialien zum Wegebau bleiben bestehen. Es soll jedoch die Entschädigung für die entnommenen Materialien nach Maßgabe der vor Inangriffnahme des Wegebaues nachweislich vorhanden gewesenen Verkaufspreise erfolgen. Das im gegenwärtigen Gesetz vorgeschriebene Verfahren findet auf die Entnahme von Wegebaumaterialien keine Anwendung.

Diesen wiederholt ausgesprochenen Wünschen gegenüber entschied sich

Feld- und Bruchsteine, Kies, Rasen, Sand, Lehm und an-

---

nunmehr auch die Staatsregierung dafür, die im Interesse des Wegebaues nothwendigen Bestimmungen in das Expropriationsgesetz aufzunehmen und wurden zu diesem Zwecke in dem Entwurf vom Jahre 1871 in einem besonderen Titel (V) im Wesentlichen diejenigen Bestimmungen getroffen, welche das gegenwärtige Gesetz enthält.

Die Motive bemerkten dazu:

Das Recht, Sand, Steine und Kies von oder aus fremdem Grund und Boden zu entnehmen, wird gemeinrechtlich als Servitut

cfr. Thibaut, Pandekt. ed. A. 4. § 608, —

nach dem Allgemeinen Landrecht als Grundgerechtigkeit, § 241 Th. I, Tit. 22 A. L. R. angesehen, und ist deshalb nicht als eine Entziehung beweglichen Eigenthums, sondern als eine Beschränkung des Grundeigenthums zu betrachten, welche unter die §§ 4 und 12 des Gesetz-Entwurfs fällt, also in Ermangelung specieller Vorschriften, dem § 12 gemäß, von der Regierung unter Beobachtung der im 3. Abschnitt vorgeschriebenen Formen, gegen Entschädigung des Grundeigenthümers angeordnet werden kann, wenn auch alle früheren darauf bezüglichen Special-Vorschriften aufgehoben werden.

Es unterliegt auch keinem Bedenken, die aus dem Art. 9 der Verfassungs-Urkunde folgende Beschränkung des Eigenthums im Sinne des Art. 649 des code civil als eine Dienstbarkeit zum Zwecke des allgemeinen Wohls zu qualificiren, also die Bestimmungen der §§ 4 und 12 des Gesetz-Entwurfs in gleicher Weise im Geltungsbezirk des bürgerlichen Gesetzbuches in Anwendung zu bringen.

Die Staats-Regierung trägt auch kein Bedenken, diese allgemeinen Grundsätze bei allen Unternehmungen, außer dem Bau öffentlicher Wege, zur Anwendung zu bringen, also diejenigen Beschränkungen, welche den Grundeigenthümern durch die Ausdehnung der für die Anlage von Kunststraßen bestehenden Vorschriften auf die Anlegung von Eisenbahnen auferlegt sind,

§ 9. Eisenbahngesetz vom 3. November 1838,

zu beseitigen.

Dagegen hält dieselbe die einfache modificirte Aufhebung der gedachten Vorschriften für eine, das Interesse des Baues öffentlicher Wege schädigende Maßregel, und erachtet es deshalb für nothwendig, dieselben durch diejenigen Vorschriften zu ersetzen, welche in den §§ 47 bis 50 der auf Grund Allerh. Ermächtigung vom 19. Januar 1865 (Druck-

dere Erde ist, soweit der Wegebaupflichtige nicht diese Ma=

---

sachen des Herrenhauses Nr. 8 der Sitzungsperiode von 1865) vorgelegten, aber aus principiellen Gründen abgelehnten Wegeordnung, ihren Ausdruck gefunden haben.

Soweit es sich bei der Ausführung von Wegebauten um die Entziehung des Grundeigenthums oder Auferlegung anderer Beschränkungen, als der Entnahme von Baumaterialien handelt, sind die allgemeinen Bestimmungen des Expropriationsgesetzes anwendbar, und es ist durch dasselbe in dieser Beziehung, sowohl rücksichtlich der Entschädigungsgrundsätze als der Form des Verfahrens eine gleiche gesetzliche Basis für den ganzen Umfang der Monarchie geschaffen.

Die X. Comm. des A. H. (Session 1871/72) sowie die VIII. Comm. (Session 1873/74) adoptirten auch im Wesentlichen die Vorschläge der Regierung, in der Plenarberathung des A. H. (1874) erhob sich aber nochmals eine lebhafte Debatte über die Frage, ob es zweckmäßig sei, einen Theil der Wegebaugesetzgebung an dieser Stelle zu reguliren, oder ob es nicht vielmehr angemessen erscheine, die Erörterung und Erledigung der hier in Rede stehenden Fragen bis zur Berathung der in Aussicht gestellten allgemeinen Wegebauordnung zu verschieben. Die erstere Auffassung fand indeß die Zustimmung beider Häuser des Landtages. Die gesetzliche Ordnung dieser Rechtsverhältnisse war auch in der That um so wünschenswerther, als ohne dieselbe die Rechtsunsicherheit auf diesem Gebiete eine nicht unbedeutende gewesen sein würde. Es darf ja nur daran erinnert werden, daß schon über die einfache Frage, ob die Allerh. C. O. vom 11. Juni 1825 nach dem Erlaß dieses Gesetzes überhaupt noch zu Recht bestehe, selbst innerhalb der gesetzgebenden Factoren keine Uebereinstimmung erzielt werden konnte.

113) Das dem Wegebaupflichtigen eingeräumte Recht, zum Bau oder zur Unterhaltung öffentlicher Wege Materialien auf fremden Grundstücken aufzusuchen und zu entnehmen ist an zwei Bedingungen geknüpft:

1. darf dies Recht nur dann ausgeübt werden, wenn der Wegebaupflichtige die Materialien nicht in brauchbarer Beschaffenheit und angemessener Nähe auf seinem eigenen Grundstücke beschaffen kann und
2. ist Voraussetzung, daß der Eigenthümer die Materialien nicht selbst gebraucht.

114) Um Mißverständnissen vorzubeugen und unter Hinweis auf

terialien in brauchbarer Beschaffenheit und angemessener Nähe[115]) auf eigenen Grundstücken fördern kann, und der Eigenthümer sie nicht selbst gebraucht[116]), ein Jeder verpflichtet, nach Anordnung der Behörde von seinen landwirthschaftlichen und Forstgrundstücken, seinem Unlande oder aus seinen Gewässern entnehmen und das Aufsuchen derselben durch Schürfen, Bohren u. s. w. daselbst unter Controle des Eigenthümers sich gefallen zu lassen.

§ 51.

Der Wegebaupflichtige hat dem Eigenthümer den Werth der entnommenen Materialien ohne Berücksichtigung des Mehrwerths, welchen sie durch den Wegebau erhalten, zu ersetzen[117]).

---

§ 3 des Ges. wurde von der Comm. des A. H. der Zusatz beschlossen: „mit Ausschluß der Eisenbahnen." Später vom A. H. gestrichen ist er bei der letzten Berathung vom H. H. wieder hinzugefügt worden.

[115]) Was heißt „angemessene Nähe?" Dieser Ausdruck ist wie der Abg. Thomsen mit Recht ausgeführt hat, vollkommen unklar.

Das Ermessen der Behörde wird auch hier entscheiden müssen.

[116]) Es war vorgeschlagen worden, diese Bestimmung dahin zu fassen: „und der Eigenthümer sie nicht nachweislich selbst brauchen wird," es wurde indeß von diesem Antrage Abstand genommen, nachdem namentlich auch Seitens des Reg. Comm. bemerkt worden war, es sei selbstverständlich, „daß das eigene Bedürfniß der Materialien auch in nächster Zukunft" unter diesen Passus falle.

Was unter „nächster Zukunft" zu verstehen, ist allerdings sehr zweifelhaft. Es wird auch hier lediglich das Ermessen der Behörde (§ 53) entscheiden müssen.

[117]) In Uebereinstimmung mit den allgemeinen Principien des Gesetzes spricht der § 52 auch auf diesem Gebiete die Verpflichtung zur Entschädigung des Eigenthümers aus. Ueber die Höhe der letzteren gingen aber die Meinungen weit auseinander. In der X. Comm. des A. H. (Session 1871/72) hielt man es von einer Seite für ungerechtfertigt, daß der Eigenthümer nach der Reg.-Vorlage sein Material nur

Wo durch den Werth der Materialien der dem Grund-

---

soweit vergütet erhalten solle, als dasselbe vor der Inanspruchnahme schon einen Kaufwerth erlangt habe und wurde deshalb beantragt, den § 51 dahin zu fassen:

„Der Wegebaupflichtige hat vollständigen Ersatz zu leisten

1. für die Beschädigung der Substanz des Grundstücks und für die entzogenen Nutzungen;
2. für die etwa bereits wirthschaftlich aufgewendeten Werbungs-, Sammlungs- und Bereitungskosten;
3. für das Material.

In letzterer Beziehung (ad 3) sind die zu der Zeit, wo das im § 53 gedachte landräthliche Resolut dem Grundeigenthümer zugestellt wird, am Gewinnungsorte gängigen Preise für gefördertes Material zu Grunde zu legen. Hiervon kommt dasjenige zum Absatze, was der Grundeigenthümer im Falle eigner Förderung an Gewinnungskosten und an entbehrten Nutzungen hätte aufwenden müssen. Der Mehrwerth, welchen die Materialien erst durch den Wegebau erlangen, kommt nicht in Berechnung."

Andere waren der Ansicht, daß die Reg.-Vorlage, wenigstens ihrem Wortlaute nach, dem Wegebaupflichtigen schon mehr als billig auflege. Die Entschädigung könne nicht alles das zusammen umfassen, was jene hervorhebe, vielmehr nur entweder den Ersatz, 1 und 2, oder den Materialwerth ad 3. Die Beschränkung bezüglich des letzteren rechtfertige sich sehr wohl aus thatsächlich bestehenden Verhältnissen namentlich in den alten Landestheilen. Wo das Material nachweisbar — und der Nachweis werde nicht schwer fallen — einen Kaufwerth habe, sei dessen Berücksichtigung ja nicht verwehrt.

Diese Ansicht gewann die Billigung der Mehrheit.

In der VIII. Comm. des A. H. (Session 1873/74) wurde beantragt, den Absatz 1 dahin zu fassen:

„Der Wegebaupflichtige hat dem Eigenthümer den durch Sachverständige (§ 28) zu ermittelnden Werth der entnommenen Materialien, ohne Berücksichtigung des Mehrwerths, welchen sie durch den Wegebau erhalten, zu ersetzen,"

indem man zur Begründung anführte, daß keinem Eigenthümer zugemuthet werden könne, sein Eigenthum unentgeltlich herzugeben.

Dagegen wurde aber geltend gemacht, daß dieser Antrag von der unrichtigen Voraussetzung ausgehe, daß die Materialien stets einen Kauf-

stück durch die Entnahme zugefügte Schaden, einschließlich der entzogenen Nutzungen, sowie die etwa bereits wirthschaftlich aufgewendeten Werbungs-, Sammlungs- und Bereitungskosten nicht gedeckt werden, hat der Wegebaupflichtige, statt Ersatz jenes Werthes, hierfür Ersatz zu leisten[118]).

§ 52.

Wenn ein Grundstück zur Gewinnung der Materialien hauptsächlich bestimmt ist und letztere für den Wegebau in solchem Maße in Anspruch genommen werden, daß das Grundstück deshalb dieser Bestimmung gemäß nicht ergiebig benutzt werden kann, oder wenn die Eigenthumsbeschränkung länger als drei Jahre dauert, so kann der Eigenthümer gegen Abtretung des Grundstücks selbst an den Wegebaupflichtigen den Ersatz des Werths desselben verlangen[119]).

---

werth hätten, es sei aber notorisch, daß das Wegebaumaterial in vielen Gegenden gar keinen Werth habe, sondern für den Eigenthümer nur lästig und schädlich sei, der letztere werde also unter Umständen dankbar sein, wenn das Material von seinen Grundstücken entfernt werde.

Diesen Erwägungen gegenüber wurde indeß darauf hingewiesen, daß es heutigen Tages keine Materialien mehr gebe, die keinen Kaufwerth hätten, und daß, wenn dieselben auch heute gerade keinen Kaufwerth hätten, die Verhältnisse sich doch sehr bald dahin ändern könnten, daß ein solcher Werth in der That vorliege.

Indem man sich diesen letzteren Ausführungen anschloß, wurde der Antrag Thomsen, in al. 1 § 51 der Regierungsvorlage die Worte: „jedoch nur dann und insoweit, als dieselben schon vorher einen Kaufwerth hatten" zu streichen, angenommen und ist damit die unbedingte Pflicht zur Bezahlung des Werthes der entnommenen Materialien ausgesprochen.

118) Daß übrigens, wenn die Sachverständigen erklären, daß die Materialien in der That keinen Werth haben, der Wegebaupflichtige einen solchen auch nicht zu zahlen braucht, ist selbstverständlich. Für diesen Fall tritt eine Entschädigungsverbindlichkeit nur aus al. 2 ein.

§ 53.

In Ermangelung gütlicher Einigung hat der Landrath [120]) (in Hannover die betreffende Obrigkeit) auf Grund vollständiger Erörterung zwischen den Betheiligten eine Entscheidung zu treffen, in welcher

1. die dem Wegebaupflichtigen gegen den Grundbesitzer einzuräumenden Rechte nach Gegenstand und Umfang speciell zu bezeichnen sind, und
2. die dafür zu gewährende Entschädigung auf Grund sachverständiger Abschätzung oder geeignetenfalls (§ 12) die dafür zu bestellende Sicherheit vorläufig festzusetzen ist.

Gegen die Entscheidung unter 1 steht beiden Theilen binnen einer Präklusivfrist von zehn Tagen nach deren Zustellung der Recurs an die Regierung mit aufschiebender Wirkung zu.

Gegen die Feststellung der Entschädigung unter 2 ist innerhalb 90 Tagen der Rechtsweg, jedoch ohne aufschiebende Wirkung, zulässig. Ist gegen die landräthliche Entscheidung Recurs verfolgt, so läuft diese Frist erst vom Tage der Zustellung der Entscheidung der Regierung an. Eines vorgängigen Sühneversuchs bedarf es nicht.

Die dem Wegebaupflichtigen zuständigen Rechte dürfen erst ausgeübt werden, wenn derselbe in das Grundstück, beziehungsweise die daran auszuübendeu Rechte eingewiesen ist. Dieser Einweisung muß die Zahlung oder Sicherstellung der

---

[119]) Die Vorschrift des § 52 entspricht dem im § 4 aufgestellten allgemeinen Princip.

[120]) Im Geltungsbereiche der Kreis-Ordn. vom 13. December 1872 übt die dem Landrath übertragenen Functionen der Kreisausschuß aus und der Recurs gegen die Entscheidung des letzteren geht an das Verwaltungsgericht. § 56.

Entschädigung auf Grund mindestens vorläufiger Festsetzung vorausgehen.

Wegen Auszahlung der Entschädigungssumme findet die in § 36 gegebene Bestimmung Anwendung.

Titel VI.

Schluß- und Uebergangsbestimmungen.

§ 54.

Dieses Gesetz findet keine Anwendung [121])

---

[121]) Die Motive zur Regierungsvorlage von 1871 bemerken zu diesem Paragraph:

Die frühere Reg.-Vorlage vom Jahre 1868 hatte im § 50 zu diesen Fällen:

1. die gesetzlichen Beschränkungen des Eigenthums;
2. Entschädigungs-Ansprüche aus polizeilichen Verfügungen;
3. die in besonderen Gesetzen oder im Gewohnheitsrechte begründete Entziehung des Grundeigenthums im Interesse der Landescultur;
4. die Entziehung und Beschränkung des Grundeigenthums im Interesse des Bergbaues

gerechnet.

Die ersten beiden Ausnahmen beruhten auf der Erwägung, daß der Art. 9 der Verf.-Urkunde sich nicht auf die gesetzlichen Beschränkungen des Eigenthums beziehe, daß ferner bei polizeilichen Verfügungen, bei denen es sich um Abwendung einer Gefahr vom Publicum handele, die Formen des Expropriations-Verfahrens der Natur der Sache nach nicht anwendbar seien, und es nicht gerechtfertigt erscheine, dem dadurch Beschädigten ein mehreres als den wirklich zugefügten Schaden zu ersetzen. Das Herrenhaus hat indeß diese beiden Ausnahmen gestrichen, weil sie entweder nur eine Sanction des bestehenden Rechts wiederholten und dann überflüssig seien, oder etwas Anderes sanctionirten, und dann für gefährlich erachtet werden müßten, weil sich die Tragweite dieser Bestimmungen nicht übersehen ließe. Diese beiden Ausnahmen sind in den vorliegenden Gesetzentwurf nicht wieder aufgenommen, weil die

1. auf die in besonderen Gesetzen oder im Gewohnheitsrechte begründete Entziehung oder Beschränkung des Grundeigenthums im Interesse der Landescultur als: bei Regulirung gutsherrlicher und bäuerlicher Verhältnisse, bei Ablösung von Reallasten, Gemeinheitstheilungen, Vorfluthsangelegenheiten, Entwässerungs- und Bewässerungsangelegenheiten, Benutzung von Privatflüssen, Deichangelegenheiten, Wiesen- und Waldgenossenschaftsangelegenheiten;
2. auf die Entziehung und Beschränkung des Grundeigenthums im Interesse des Bergbaues und der Landestriangulation.

Staatsregierung annimmt, daß sie sich von selbst verstehen. Den übrigen Ausnahmefällen hat das H. H. zugestimmt und mit Rücksicht auf das Gesetz vom 7. October 1865 (G. S. S. 1033) die durch dieses Gesetz geregelte Expropriation im Interesse der Landes-Triangulation hinzugefügt.

Nach diesem Beschlusse, welcher auch die Zustimmung der Comm. des A. H. mit einer unwesentlichen Redactionsänderung erhalten hat, ist der jetzige Entwurf redigirt.

Ueber den Bergbau enthält die betreffenden Bestimmungen das Allgem. Berggesetz vom 24. Juni 1865 — G. S. S. 705.

Dies Gesetz findet auch ferner keine Anwendung auf die Beschränkungen des Grundeigenthums in der Nähe von Festungen. Letztere werden vielmehr durch das Reichsgesetz vom 21. October 1871 — R. G. Bl. S. 459 — geregelt. Abgedruckt und mit Anm. versehen ist dasselbe in Kochs Landrecht als Zus. 12 zu § 31 Tit. 8, Th. I. A. L. R.

Aber beide Gesetze, sowohl das Reichsrayongesetz wie das Gesetz vom 7. October 1865, betreffend die Errichtung und Erhaltung von Marksteinen behandeln eigentliche Expropriationsfälle. Der Unterschied zwischen den letzteren und den nach dem Ges. vom 11. Juni 1874 zu behandelnden Fällen ist ein lediglich formeller, er besteht nur darin, daß dort die Nothwendigkeit des Expropriationsfalles statt durch eine für den Einzelfall zu erlassende Allerh. Ordre ein für alle Mal durch ein Gesetz festgestellt ist.

§ 55.

Bereits eingeleitete Enteignungsverfahren werden nach den bisherigen Vorschriften zu Ende geführt. Wird in einem solchen Verfahren der Rechtsweg beschritten, so findet der § 40 auch hier Anwendung.

§ 56 [122]).

Im Geltungsbereich der Kreisordnung vom 13. De=

---

[122]) Die in diesem Paragraph enthaltenen Bestimmungen sind erst bei der Plenarberathung im A. H. auf Antrag der Abg. Benda, Lasker u. Gen. getroffen worden. Die Regierungsvorlage hatte auf die Organe der Selbstverwaltung keine Rücksicht genommen und auch bei der Commissionsberathung war der letzteren nicht gedacht worden. Im Princip erklärte sich die Staatsregierung mit dem Antrage einverstanden und wurden demnächst die im § 56 enthaltenen Bestimmungen zum Gesetz erhoben.

Ob man damit einen glücklichen Griff gethan hat, wird die Zukunft lehren müssen.

Der Ber. der Comm. des H. H. äußert sich über diese Aenderung folgendermaßen:

„Die Reg. = Vorlage hatte auf das Institut der Selbstverwaltung keine Rücksicht genommen. Durch den von dem A. H. beschlossenen § 56 ist dies redressirt worden. Dadurch ist — so wurde von einem Mitglied ausgeführt — die Königl. Staatsregierung in selbstgeschaffene Schwierigkeiten gerathen.

Die Königl. Staatsregierung hat die Kreis = Ordn., mit ihrem System der Selbstverwaltung, unter Zuhülfenahme recht eingreifender Mittel gegen den Beschluß des H. H. in seiner früheren Zusammensetzung zur Annahme gebracht.

Eine der nachtheiligen Folgen der Selbstverwaltung, wie sie in der Kreis=Ordn. eingeführt worden, ist die, daß durch dieselbe der bestehende Verwaltungs = Organismus in Verwirrung gebracht ist, ohne daß eine neue Organisation zum Abschluß gekommen wäre. Dieser Nachtheil zeigt sich in prägnanter Weise bei der vorliegenden Angelegenheit. Die Königl. Staatsregierung hatte, — so weit es sich um Zweckmäßigkeitsgründe handelt — gewiß mit Recht die alten Behörden in dem Ent=

cember 1872 und in den Hohenzollernschen Landen werden die durch dieses Gesetz der Bezirksregierung beziehungsweise dem Landrath beigelegten Befugnisse und Obliegenheiten

a) soweit dieselben in den §§ 5, 15, 18 bis 20, 24 und 27 enthalten sind, von den Präsidenten der Bezirksregierungen,

b) soweit dieselben in den §§ 3, 4, 14, 21, 29, 32 bis 35, und 53 Absatz 2 enthalten sind, von den Verwaltungsgerichten,

c) soweit dieselben in § 53 Absatz 1 enthalten sind, von den Kreisausschüssen beziehungsweise in den Stadtkreisen von den Magisträten, und in den Hohenzollernschen Landen von den Amtsausschüssen wahrgenommen.

Die in Gemäßheit des § 3 von dem Verwaltungs-

---

wurfe beibehalten, denn die an deren Stelle tretende complicirte Competenzbestimmung wird kaum der Sache förderlich sein. Andererseits hat das Abgeordnetenhaus — soweit es sich um den Standpunkt der Consequenz handelt — gleichfalls mit Recht die Selbstverwaltungsbehörden durch den § 56 in die Vorlage eingefügt; und die Königl. Regierung hat sich dieser Consequenz nicht entziehen können.

Dabei sind aber Beide einer neuen Inconsequenz verfallen.

Nach dem System der Kreis-Ordn. ist das Verwaltungsgericht eine Behörde, welche in letzter Instanz entscheidet, ohne daß ein weiteres Rechtsmittel zulässig ist. Der § 194 jenes Gesetzes schreibt dies ausdrücklich vor. Die gegenwärtige Vorlage aber statuirt je nach den Fällen nicht nur den Recurs an die Ministerialinstanz, sondern nach §§ 29 und 20 sogar den ordentlichen Rechtsweg.

In das System der Kreis-Ordn. würde es entschieden besser passen, wenn statt der Verwaltungsgerichte die Kreisausschüsse einträten, und in der That war bei der zweiten Lesung des A. H. beschlossen worden, die Feststellung der Entschädigung (§ 29) den Kreisausschüssen zuzutheilen. Allein dagegen sind namentlich von dem Herrn Handelsminister Gründe geltend gemacht, die vom practischen Standpunkte so treffend erscheinen, daß das A. H. seinen Beschluß geändert hat.

gericht zu treffende Entscheidung erfolgt auf das Gutachten des Kreisausschusses, beziehungsweise des Magistrats in den Stadtkreisen und des Amtsausschusses in den Hohenzollernschen Landen.

§ 57[123]).

Alle den Vorschriften dieses Gesetzes entgegenstehenden Bestimmungen, sowie die Bestimmungen über das Wiederkaufs-

---

Mag es daher auch im Interesse der durch die Kreis-Ordn. eingeführten Selbstverwaltung bedauert werden, daß das junge Institut, bevor es Leben gewonnen, schon wieder durchlöchert wird, so wird doch von dem Standpunkte einer, durch Zweckmäßigkeitsgründe gemäßigten Consequenz gegen den Beschluß des A. H. im Allgemeinen kaum etwas einzuwenden sein."

In den Fällen der §§ 4, 14, 21 und 32 ist also gegen die Entscheidung des Verwaltungsgerichts der Recurs an das Handelsministerium als Rechtsmittel zugelassen, eine Anomalie, die unmöglich auf die Dauer wird bestehen bleiben können.

Nicht viel besser steht es damit, daß in anderen Fällen gegen die Entscheidungen der Verwaltungsgerichte noch der Rechtsweg zulässig ist.

[123]) Der § 57 hebt alle dem neuen Gesetze entgegenstehenden Bestimmungen auf.

Nach den Motiven zur Reg.-Vorlage gehören zu den hiernach aufgehobenen Vorschriften

1. in den ältereren Provinzen der Monarchie:
   die §§ 11—19 des Ges. vom 3. November 1838, das Gesetz vom 8. März 1810 über die Entziehung des Eigenthums (Bulletin des lois, 4. Serie, Stück 213);
   das Gesetz vom 25. Mai 1857 (G. S. S. 473);
   das Edict vom 18. April 1792, §§ III—VI, XVII und XVIII.
   die Allerhöchsten Ordres vom 8. August 1832 (G. S. S. 202)
   vom 17. Februar 1833 (G. S. S 23);
   vom 22. August 1833 (G. S. S. 117);
   vom 18. October 1834 (G. S. S. 179);
   vom 25. März 1837 (G. S. S. 64);
   vom 8. December 1837 (G. S. von 1838, S. 7);
   vom 25. April 1836 (G. S. S. 179);

recht[124]) bezüglich des enteigneten Grundstücks werden aufgehoben.

---

vom 26. December 1833 (G. S. von 1834, S. 8);

die Herzoglich Nassauische Verordnung vom 25./26. August 1812 und

die Allerhöchste Cabinets-Ordre vom 9. April 1844 (Coblenzer Amtsblatt von 1844, S. 179);

2. in der Provinz Hannover:

das Hannoversche Gesetz über die Veräußerungspflicht zu Eisenbahn-Anlagen vom 8. September 1840. Art. 6 bis 53, 58 bis 63;

das Hannoversche Gesetz vom 6. August 1844, Nr. I—VI und VIII;

das Hannoversche Gesetz, betreffend die Veräußerungspflicht behufs Anlage von Schiffskanälen vom 16. September 1846, §§ 5 bis 35, §§ 40 bis 43;

das Hannoversche Gesetz über Gemeinwege und Landstraßen vom 28. Februar 1851, §§ 69 und 72, Abs. 2, 3, 4 und §§ 70 bis 72;

das Hannoversche Gesetz über den Chausseebau vom 20. Juni 1851, sub III, § 32. al. 2 bis 4, §§ 34 bis 104, § 105 al. 2 und 3;

die §§ 7 u. ff. der Hannoverschen Verordnung vom 24. Mai 1829 über die Grundsätze, nach welchen in Zukunft für Benutzung von Gemeinheiten und Exercierplätzen eine Entschädigung geleistet werden soll;

3. im Reg.-Bezirk Kassel:

das Churhessische Gesetz vom 30. October 1834 über Abtretungen zu öffentlichen Zwecken;

das Churhessische Gesetz vom 2. Mai 1863 über Anlage von Eisenbahnen und Telegraphen;

die Nassauischen Verordnungen vom 25./26. August 1812, vom 12. Juni 1838;

§ 18 des Nassauischen Gesetzes vom 5./6. Juni 1816;

§ 6 Nr. 5 des Gesetzes über die Organisation der Centralbehörden vom 24. Februar 1854;

die Nassauische Ministerial-Verordnung vom 22. Juni 1855;

das Großherzoglich Hessische Gesetz vom 27. Mai 1821;

Ein gesetzliches Vorkaufsrecht findet wegen aller Theile

---

das Landgräflich Hessische Gesetz vom 14. August 1841 über Abtretung zu öffentlichen Zwecken;
die Hessen-Darmstädtische Verordnung vom 29. Juli 1791;
die Landgräflich Hessische Bauverordnung vom 1. September 1821;
das Bayerische Gesetz vom 17. November 1837;

4. In der Provinz Schleswig-Holstein:
das Patent vom 28. October 1811;
die Verordnung vom 28. November 1837;
die Verfügung vom 17. Januar 1842 betreffend die Anwendung der Verordn. vom 28. November 1837 auf Eisenbahnanlagen;
die §§ 148, 224, 236 der Wegeordnung vom 1. März 1842;
das Patent vom 11. Februar 1854 betreffend einige nähere Bestimmungen rücksichtlich des Verfahrens bei Ausmittelung der Entschädigung für Abtretung der Grundstücke zu Eisenbahnen und
das Patent vom 14. August 1853 betreffend denselben Gegenstand.

[124]) Während die früheren Entwürfe im Anschlusse an das bestehende Recht und in Uebereinstimmung mit den meisten Expropriationsgesetzen ein Vorkaufs- und Wiederkaufsrecht des Eigenthümers an den enteigneten Grundstücken statuirten, beschloß zuerst im Jahre 1872 die damalige Comm. des A. H. diese Rechte aufzuheben und enthielt deßhalb auch der neueste Entwurf derartige Bestimmungen nicht mehr.

Bei der Plenarberathung im A. H. (1874) wurde zwar die Wiedereinführung sowohl des Vorkaufs- wie des Wiederkaufsrechtes in Antrag gebracht, die bezüglichen Anträge fanden aber, nachdem dieselben insbesondere von dem Vertreter der Staatsregierung lebhaft bekämpft waren, die Zustimmung des Hauses nicht.

Die überzeugenden Gründe, welche der Regierungscomm. (Geh. O. Reg. Rath Dubdenhausen) im A. H. — vergl. Stenogr. Berichte S. 1322 — gegen die Wiedereinführung des Wiederkaufs- und Vorkaufsrechtes geltend gemacht hatte, wurden demnächst auch in der Comm. des H. H. wenigstens bezüglich des Wiederkaufsrechtes für durchgreifend erachtet.

In Betreff des Vorkaufsrechtes konnte sich die Comm. von der Richtigkeit der gegen die Statthaftigkeit desselben geltend gemachten Gründe aber nicht überzeugen.

von Grundstücken statt, welche in Folge des verliehenen Enteignungrechts zwangsweise oder durch freien Vertrag an den Unternehmer abgetreten sind, wenn in der Folge das abgetretene Grundstück ganz oder theilweise zu dem bestimmten Zweck nicht weiter nothwendig ist und veräußert werden soll.

Man erwog, daß dieses Recht die Interessen des Unternehmers nicht verletze, daß es dem letzteren vielmehr sehr gleichgültig sein könne, ob der frühere Eigenthümer oder ein Dritter das Grundstück erwerbe. Dagegen könne es für den früheren Eigenthümer unter Umständen von dem allererheblichsten Interesse sein, das enteignete Grundstück wieder zu erwerben, z. B. wenn ein Garten, ein Park, oder auf eine lange Strecke eine Forst durchschnitten sei und in der letzteren etwa gar die Gründung einer Colonie beabsichtigt werde.

Aus diesen Gründen fand denn auch die Beibehaltung des Vorkaufsrechtes in der Comm. keinen Widerspruch und nachdem das Plenum des H. H. seiner Commission zugestimmt und dem § 57 die jetzige Fassung gegeben hatte, wurde der letztere auch bei der dritten Berathung von dem A. H. ohne Discussion angenommen.

Von den Rechtslehrern ist namentlich Meyer a. a. O. S. 263 lebhaft für das Rückforderungsrecht des Expropriaten eingetreten. Er führt aus, daß, da die Abtretung zur Realisirung eines Staatszweckes gefordert werde, es ganz selbstverständlich sei, daß, wenn das Unternehmen nicht zu Stande komme, der Expropriat das enteignete Object zurückfordern dürfe. Dies ergebe sich so sehr aus dem Begriffe der Expropriation von selbst, daß ein solches Recht für den Expropriaten bestehe, auch wenn es gar nicht besonders von der Particulargesetzgebung statuirt worden sei. Die practischen Schwierigkeiten, die der Ausübung eines solchen Rechtes entgegenstünden (die Veränderung des Grundstückes, namentlich durch Aufstellung von Gebäuden auf demselben, die Werthsveränderungen u. s. w.) könnten dem grundsätzlichen Rechte des Enteigneten gegenüber gar nicht in Betracht kommen.

Ganz in Uebereinstimmung hiermit äußert sich auch Grünhut a. a. O. S. 162 dahin, es sei eine aus dem Rechtsprincipe des Enteignungsrechtes fließende Forderung der Gerechtigkeit und Billigkeit, daß dem Enteigneten das Recht gewahrt bleibe, wieder zu seinem Eigenthume

Das Vorkaufsrecht steht dem zeitigen Eigenthümer[125]) des durch den ursprünglichen Erwerb verkleinerten Grundstücks zu. Wer das Enteignungsrecht ausgeübt hat, muß die Absicht der Veräußerung und den angebotenen Kaufpreis dem berechtigten Eigenthümer anzeigen, welcher sein Vorkaufsrecht verliert, wenn er sich nicht binnen zwei Monaten darüber erklärt. Wird die Anzeige unterlassen, so

---

zu gelangen, falls dasselbe der beabsichtigten Bestimmung nicht zugeführt werde.

Wenn man aber auch vom Standpunkte der Theorie aus diesen Rechtsanschauungen seine Zustimmung kaum wird versagen können, so hat der Preuß. Gesetzgeber doch unzweifelhaft Recht daran gethan, von der Statuirung eines Wiederkaufsrechtes zu abstrahiren.

Nach der obigen Darstellung über die Entstehung des § 57 kann es wenigstens nicht zweifelhaft sein, daß für Preußen das Wiederkaufsrecht nicht existirt, und daß die Ausführung Meyers, ein solches Recht stehe dem Expropriaten schon aus allgemeinen Rechtsgründen zu, auch ohne daß dasselbe von der Particulargesetzgebung besonders anerkannt sei, wenigstens für das Geltungsgebiet des vorliegenden Gesetzes nicht zutrifft.

Uebrigens dürfte den Forderungen der Billigkeit und Gerechtigkeit auch schon durch die Gewährung des Vorkaufsrechtes vollkommen genügt sein.

Wenn nämlich Grünhut S. 163 für die Nothwendigkeit des Rückforderungsrechtes besonders geltend macht, daß ohne dasselbe es ja geschehen könne, daß Jemand die entbehrlich gewordenen Grundstücke nur kaufe, um sie desto theurer an den Expropriaten wieder zu verkaufen, so wird einer solchen ungerechten Speculation schon durch die Gewährung des Vorkaufsrechtes hinreichend begegnet werden.

[125]) Das Vorkaufsrecht ist mit der Sache, nicht mit der Person verknüpft, es steht mithin nicht dem Expropriaten, sondern demjenigen Eigenthümer zu, der das Hauptgrundstück zur Zeit der Ausübung des Rechtes besitzt.

Die Inhaber dinglicher Rechte können ein Vorkaufsrecht nicht geltend machen und selbstverständlich leben auch die dinglichen Rechte, welche früher dritten Personen an dem expropriirten Grundstücke zugestanden haben, durch den Rückerwerb nicht wieder auf. Dieselben sind

kann der Berechtigte seinen Anspruch gegen jeden Besitzer geltend machen[126]).

§ 58.

Insoweit in anderen Gesetzen auf die Vorschriften der aufgehobenen Gesetze Bezug genommen ist, treten an die Stelle der letzteren die entsprechenden Vorschriften dieses Gesetzes.

Urkundlich ꝛc.

Gegeben Berlin, den 11. Juni 1874.

---

durch die den Inhabern gewährte Entschädigung für immer aufgehoben und erloschen. Grünhut a. a. O. S. 167.

In den Fällen, in denen der Expropriant auf Verlangen des Expropriaten ein Grundstück hat übernehmen müssen (§ 9 des Ges.), soll das Vorkaufsrecht ausgeschlossen sein, weil hier dasselbe nicht zum Zwecke des öffentlichen Unternehmens abgetreten sei. Meyer a. a. O. S. 271.

Dieser Ansicht wird man aber nicht beipflichten können. Die Abtretung des Mehr ist doch auch immer nur eine Folge der Expropriation gewesen. Uebrigens kann ein solcher Fall wenigstens im Gebiete des Preuß. Gesetzes nicht vorkommen, da das Vorkaufsrecht nur dem Eigenthümer eines durch die Expropriation zerkleinerten Grundstückes zusteht, ein Vorkaufsrecht also immer nur in Bezug auf Grundstückstheile, nicht aber bezüglicher ganzer Grundstücke ausgeübt werden kann, während der § 9 gerade voraussetzt, daß in Folge der Expropriation eines Theiles des Grundstückes das letztere ganz abgetreten ist.

[126]) Vergl. die übereinstimmenden Vorschriften im § 4 des Ges. vom 2. März 1850 — G. S. S. 77 und im § 141 des Berggesetzes vom 24. Juni 1865.

Sachregister.

Buchdruckerei von Gustav Schade (Otto Francke) in Berlin.

Kolibri 360 GmbH
Ferdinand-Jühlke-Straße 7
99095 Erfurt, Deutschland
produktsicherheit@kolibri360.de